# 人神异兽录

山海经画传（上）

王旭龙◎绘

珍藏版

北京日报出版社

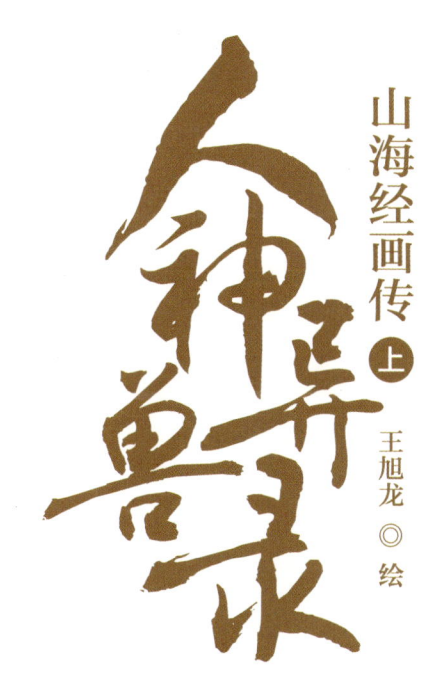

图书在版编目（CIP）数据

人神异兽录 ：山海经画传 ：珍藏版 / 王旭龙绘.
-- 北京 ：北京日报出版社，2018.3
ISBN 978-7-5477-2808-6

Ⅰ. ①人… Ⅱ. ①王… Ⅲ. ①历史地理—中国—古代
②《山海经》—图解 Ⅳ. ①K928.63-64

中国版本图书馆CIP数据核字(2017)第310932号

**人神异兽录：山海经画传（珍藏版）**

出版发行：北京日报出版社
地　　址：北京市东城区东单三条8-16号 东方广场东配楼四层
邮　　编：100005
电　　话：发行部：（010）65255876
　　　　　总编室：（010）65252135
印　　刷：北京博海升彩色印刷有限公司
经　　销：各地新华书店
版　　次：2018年3月第1版
　　　　　2018年3月第1次印刷
开　　本：787毫米×1092毫米　1/16
印　　张：39.75
字　　数：300 千字
定　　价：188.00 元（全两册）

# 序

如果从动笔画第一幅图开始算起，距今已有八年的时间了，这本书里的 470 余幅图在这八年时间里扮演了重要的角色。

2015 年 5 月，这些图的黑白线稿以《人神异兽录：山海经画传》为名结集出版。当时对这些图我已经有些厌倦，前前后后耗费了五年多的时间，让我感到审美疲劳同时身心疲惫。我只想赶快把这些图出版，然后短时间内就再也不想看到它们了。但我是一个毫无名气的画师，对出版行业也完全不了解（当初画这些图也不是为了出版成书，具体缘由在线稿版的序言里有详述，此处不再赘述），而且市场上几乎没有同类书可以供我参考，一时间茫然无头绪。

幸运的是，后来这本书顺利出版。让人欣喜的是，书出版后受到了不少读者的喜爱，虽然只是黑白的线稿，虽然还有一些不完善的地方，但读者的喜爱对我来说才是最珍贵的。网上的评论我看了很多，对每一句赞扬我都感到诚惶诚恐，因为我深知自己的不足；对每一份批评、意见或者建议，我都谨记于心，希望可以从中汲取营养，提高自己的水平，拿出更好的作品，让更多的读者满意。

在众多的意见和建议中，有很多读者希望看到彩色的人神异兽，黑白的线稿有一种不解渴、不过瘾的感觉。其实在黑白线稿出版前也探讨了直接出彩色版的可能，可我当时对这些图有一些疲惫，提不起兴趣，就像高考后的学生，一心一意想着一万种放松的方式；同时我也认为自己的绘画水平并没有长足的进步，不敢下笔，怕辜负大家的期待；最主要的是时间，如果当时上色的话，没有两三年恐怕我是无法完成的。但我深知在奇幻世界里没有色彩有多么让人难以接受，所幸读者对黑白线稿有着极大的包容，这才有了这个全新、全彩的版本，希望这个版本来得不算太迟。

很高兴看到在《人神异兽录：山海经画传》出版后，同类出版物渐渐多了起来，从《山海经》中汲取灵感的影视作品也愈发丰富。越来越多的关于《山海经》中人神异兽的绘画作品被读者喜爱，这些作品风格不同，视角不同，都有着非凡的创造力，从中我学到了不少东西，对《山海经》也有了新的认识，对传统文化也有了更深刻的认知。我时常会想，其实不止《山海经》，传统文化中有很多精髓需要被更多关注、推广和普及，以一种更易于被大家接受的、这个时代特有的方式。经典，在每个时代都会发光。

如果将来我的绘画水平有了长足的进步，对《山海经》的理解也到了更高的水平，我希望可以重新创作这些人神异兽，不过这应该是很遥远的事情了，或许永远也不会发生。

这个版本是给期待着彩色版读者的一份答卷，我尽了最大的努力，希望你们能够喜欢；这个版本也是这些年我对《山海经》的一个总结，毕竟我与这些图已经相伴八年；同时，也给即将进入而立之年的我一份礼物，激励自己变得更好，去实现更大更多的梦想。

最后，要感谢对《山海经》的研究做出卓绝贡献的前辈学者们，他们的著作让我受益良多；要感谢我的朋友们，他们对上色提出了很多有益的意见和建议；要感谢每一位读者，没有你们就不会有这本书，希望这本书能够得到你们的喜爱，这将是对我最大的鼓励。再鞠一躬，以示挚诚。

**王旭龙**

目录



上册

下册

# 卷一

# 南山经

【招摇之山】

有兽焉，其状如禺而白耳，伏行人走，其名曰狌狌，食之善走。

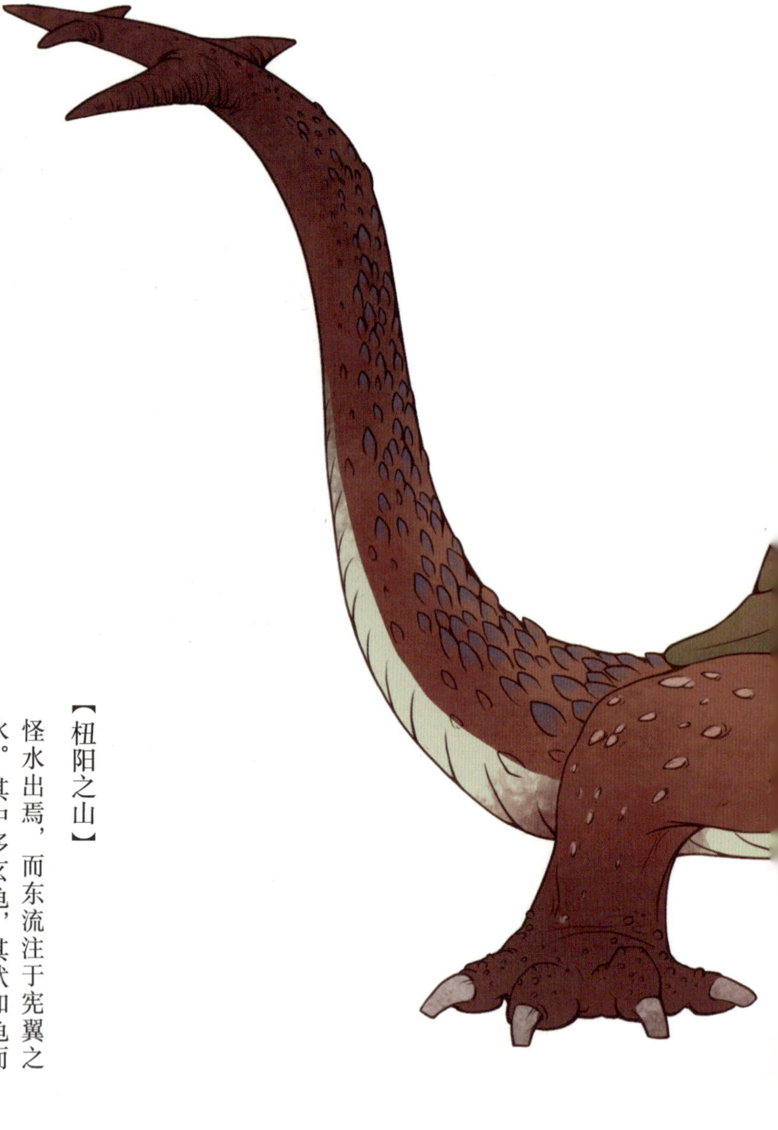

【杻阳之山】

怪水出焉，而东流注于宪翼之水。其中多玄龟，其状如龟而鸟首虺尾，其名曰旋龟，其音如判木，佩之不聋，可以为底。

《中山经》：又西七十二里，曰密山，其阳多玉，其阴多铁。豪水出焉，而南流注于洛，其中多旋龟，其状鸟首而鳖尾，其音如判木。

判木：如破木声。

底：底同胝，足茧。

旋龟

【杻阳之山】

有兽焉，其状如马而白首，其文如虎而赤尾，其音如谣，其名曰鹿蜀，佩之宜子孙。

谣：如人歌声。

鹿蜀

【柢山】

有鱼焉，其状如牛，陵居，蛇尾有翼，其羽在魼下，其音如留牛，其名曰鯥，冬死而夏生，食之无肿疾。

魼：同胁，肋下之意。

鯥：音陆。

【亶爰之山】

有兽焉，其状如狸而有髦，其名曰类，自为牝牡，食者不妒。

牝牡：雌雄。

【基山】

有兽焉，其状如羊，九尾四耳，其目在背，其名曰猼訑，佩之不畏。

猼訑：音博施。

猼訑

【基山】

有鸟焉，其状如鸡而三首六目，六足三翼，其名曰鹇鸺，食之无卧。

鹇鸺：音敞夫。
无卧：使人少眠。

【青丘之山】

有兽焉，其状如狐而九尾，其音如婴儿，能食人，食者不蛊。

《大荒东经》：有青丘之国，有狐，九尾。

九尾狐

【青丘之山】

有鸟焉，其状如鸠，其音若呵，名曰灌灌，佩之不惑。

## 赤鱬

【青丘之山】

英水出焉，南流注于即翼之泽。其中多赤鱬，其状如鱼而人面，其音如鸳鸯，食之不疥。

鸟身龙首神

凡䧿山之首，自招摇之山，以至箕尾之山，凡十山，二千九百五十里。其神状皆鸟身而龙首。其祠之礼：毛用一璋玉瘗，糈用稌米，白菅为席。

毛：祀神所用毛物，猪、鸡、犬、羊等。

瘗：音义，埋。

糈：音许，精米。

【柜山】

有兽焉，其状如豚，有距，其音如狗吠，其名曰狸力，见则其县多土功。

距：鸡足。

【柜山】

有鸟焉，其状如鸱而人手。其音如痺，其名曰鴸，其名自号也，见则其县多放士。

鸱：音吃。
痺：雌鹌鹑。
鴸：音朱。
放士：被放逐的才智之士。

【长右之山】
有兽焉，其状如禺而四耳，其名曰长右，其音如吟，见则郡县大水。

【尧光之山】

有兽焉，其状如人而彘鬣，穴居而冬蛰，其名曰猾褢，其音如斫木，见则县有大繇。

猾褢：音滑怀。
斫：音啄，砍伐。
繇：徭役。

彘

【浮玉之山】

有兽焉，其状如虎而牛尾，其音如吠犬，其名曰彘，是食人。

【洵山】

有兽焉，其状如羊而无口，不可杀也，名曰䍺。

䍺：音环。

【鹿吴之山】

泽更之水出焉，而南流注于滂水。水有兽焉，名曰蛊雕，其状如雕而有角，其音如婴儿之音，是食人。

龙身鸟首神

凡南次二经之首，自柜山至于漆吴之山，凡十七山，七千二百里。其神状皆龙身而鸟首。其祠：毛用一璧瘗，糈用稌。

【祷过之山】

有鸟焉，其状如䴔，而白首、三足、人面，其名曰瞿如，其鸣自号也。

瞿如

【祷过之山】
浪水出焉，而南流注于海。其中有虎蛟，其状鱼身而蛇尾，其音如鸳鸯，食者不肿，可以已痔。

虎蛟

【丹穴之山】

有鸟焉，其状如鸡，五采而文，名曰凤皇，首文曰德，翼文曰义，背文曰礼，膺文曰仁，腹文曰信。是鸟也，饮食自然，自歌自舞，见则天下安宁。

膺：音英；胸。

凤皇

【鸡山】

黑水出焉，而南流注于海。其中有鱄鱼，其状如鲋而彘毛，其音如豚，见则天下大旱。

鱄：音团。

【令丘之山】

其南有谷焉，曰中谷，条风自是出。有鸟焉，其状如枭，人面四目而有耳，其名曰颙，其鸣自号也，见则天下大旱。

颙：音娱。

龙身人面神

凡南次三经之首，自天虞之山以至南禺之山，凡一十四山，六千五百三十里。其神皆龙身而人面。其祠皆一白狗祈，糈用稌。

# 南山经

## 原文

南山之首曰䧿[1]山。其首曰招摇之山，临于西海之上，多桂，多金、玉。有草焉，其状如韭而青华[2]，其名曰祝余，食之不饥。有木焉，其状如榖[3]而黑理[4]，其华[5]四照，其名曰迷榖，佩之不迷[6]。有兽焉，其状如禺[7]而白耳，伏行人走，其名曰狌狌[8]，食之善走。丽麐[9]之水出焉，而西流注于海，其中多育沛，佩之无瘕[10]疾。

又东三百里，曰堂庭之山，多棪[11]木，多白猿，多水玉，多黄金。

又东三百八十里，曰猨[12]翼之山，其中多怪兽，水多怪鱼，多白玉，多蝮虫[13]，多怪蛇，多怪木，不可以上。

又东三百七十里，曰杻阳之山，其阳多赤金，其阴多白金。有兽焉，其状如马而白首，其文[14]如虎而赤尾，其音如谣[15]，其名曰鹿蜀，佩之宜子孙。怪水出焉，而东流注于宪翼之水。其中多玄龟，其状如龟而鸟首虺[16]尾，其名曰旋龟，其音如判木[17]，佩之不聋，可以为底[18]。

又东三百里，曰柢[19]山，多水，无草木。有鱼焉，其状如牛，陵居[20]，蛇尾有翼，其羽在魼[21]下，其音如留牛，其名曰鯥[22]，冬死而夏生，食之无肿疾。

又东四百里，曰亶爰[23]之山，多水，无草木，不可以上。有兽焉，其状如狸而有髦[24]，其名曰类，自为牝牡[25]，食者不妒。

又东三百里，曰基山，其阳多玉，其阴多怪木。有兽焉，其状如羊，九尾四耳，其目在背，其名曰猼訑[26]，佩之不畏。有鸟焉，其状如鸡而三首六目、六

〔1〕䧿：同鹊。
〔2〕华：同花。
〔3〕榖：音谷；构树。
〔4〕理：纹理。
〔5〕华：光华。
〔6〕迷：迷路。
〔7〕禺：长尾猿。
〔8〕狌：音猩。
〔9〕麐：音几。
〔10〕瘕：音甲；蛊胀病。
〔11〕棪：音掩。
〔12〕猨：音猿。
〔13〕蝮虫：又名反鼻虫，一种毒蛇。
〔14〕文：斑纹。
〔15〕谣：如人歌声。
〔16〕虺：音毁；毒蛇。
〔17〕判木：如破木声。
〔18〕底：同胝，足茧。
〔19〕柢：音蒂。
〔20〕陵居：住在山坡上；陵，丘陵。
〔21〕魼：同胁，肋下之意。
〔22〕鯥：音陆。
〔23〕亶爰：音蝉园。
〔24〕髦：音毛。
〔25〕牝牡：音聘母；雌雄。
〔26〕猼訑：音博施。

足三翼，其名曰鵸䳜[27]，食之无卧[28]。

又东三百里，曰青丘之山，其阳多玉，其阴多青雘[29]。有兽焉，其状如狐而九尾，其音如婴儿，能食人，食者不蛊[30]。有鸟焉，其状如鸠，其音若呵[31]，名曰灌灌，佩之不惑。英水出焉，南流注于即翼之泽。其中多赤鱬[32]，其状如鱼而人面，其音如鸳鸯，食之不疥[33]。

又东三百五十里，曰箕尾之山，其尾踆[34]于东海，多沙、石。汸[35]水出焉，而南流注于淯[36]，其中多白玉。

凡䧿山之首，自招摇之山，以至箕尾之山，凡十山，二千九百五十里。其神状皆鸟身而龙首。其祠之礼[37]：毛[38]用一璋玉瘗[39]，糈[40]用稌[41]米，白菅[42]为席。

〔27〕鵸䳜：音敞夫。
〔28〕无卧：使人少眠。
〔29〕青雘：雘，音霍；即青色的善丹。
〔30〕蛊：蛊毒；妖邪之气。
〔31〕呵：呵斥，责骂。
〔32〕鱬：音儒。
〔33〕疥：疥疮。
〔34〕踆：音村，通蹲。
〔35〕汸：音方。
〔36〕淯：音育。
〔37〕祠之礼：祭祀的礼仪。
〔38〕毛：祀神所用毛物，猪、鸡、犬、羊等。
〔39〕瘗：音义；埋。
〔40〕糈：音许；精米。
〔41〕稌：音涂；稌稻。
〔42〕菅：音尖；茅草。

南次二经之首曰柜山，西临流黄，北望诸毗[1]，东望长右。英水出焉，西南流注于赤水，其中多白玉，多丹粟。有兽焉，其状如豚[2]，有距[3]，其音如狗吠，其名曰狸力，见则其县多土功[4]。有鸟焉，其状如鸱[5]而人手。其音如痺[6]，其名曰鴸[7]，其名自号[8]也，见则其县多放士[9]。

东南四百五十里，曰长右之山，无草木，多水。有兽焉，其状如禺而四耳，其名曰长右，其音如吟，见则郡县大水。

又东三百四十里，曰尧光之山，其阳多玉，其阴多金。有兽焉，其状如人而彘鬣[10]，穴居而冬蛰，其名曰猾褢[11]，其音如斫[12]木，见则县有大繇[13]。

又东三百五十里，曰羽山，其下多水，其上多雨，无草木，多蝮虫。

又东三百七十里，曰瞿父之山，无草木，多金、玉。

又东四百里，曰句余之山，无草木，多金、玉。

〔1〕毗：音皮。
〔2〕豚：小猪。
〔3〕距：鸡足。
〔4〕土功：水土工程。
〔5〕鸱：音吃；鹰一类的猛禽。
〔6〕痺：音悲；雌鹌鹑。
〔7〕鴸：音朱。
〔8〕其名自号：自呼其名；名字从鸣叫声中呼唤出来。
〔9〕放士：被放逐的才智之士。
〔10〕彘鬣：音志烈。
〔11〕猾褢：音滑怀。
〔12〕斫：音啄；砍伐。
〔13〕繇：音遥；徭役。

又东五百里，曰浮玉之山，北望具区，东望诸毗。有兽焉，其状如虎而牛尾，其音如吠犬，其名曰彘，是食人。苕[14]水出于其阴，北流注于具区。其中多鮆[15]鱼。

又东五百里，曰成山，四方而三坛，其上多金、玉，其下多青雘。阌[16]水出焉，而南流入于虖勺[17]，其中多黄金。

又东五百里，曰会稽之山，四方，其上多金、玉，其下多砆石[18]。勺水出焉，而南流注于湨[19]。

又东五百里，曰夷山，无草木，多沙、石。湨水出焉，而南流注于列涂。

又东五百里，曰仆勾之山，其上多金、玉，其下多草木，无鸟兽，无水。

又东五百里，曰咸阴之山，无草木，无水。

又东四百里，曰洵[20]山，其阳多金，其阴多玉。有兽焉，其状如羊而无口，不可杀也，名曰䍺[21]。洵水出焉，而南流注于阏[22]之泽，其中多茈蠃[23]。

又东四百里，曰虖勺之山，其上多梓、枬[24]，其下多荆、杞。滂水出焉，而东流注于海。

又东五百里，曰区吴之山，无草木，多沙、石。鹿水出焉，而南流注于滂水。

又东五百里，曰鹿吴之山，上无草木，多金、石。泽更之水出焉，而南流注于滂水。水有兽焉，名曰蛊雕，其状如雕而有角，其音如婴儿之音，是食人。

东五百里，曰漆吴之山，无草木，多博石，无玉。处于东海，望丘山，其光载出载入[25]，是惟日次[26]。

凡南次二经之首，自柜山至于漆吴之山，凡十七山，七千二百里。其神状皆龙身而鸟首。其祠：毛用一璧瘗，糈用稌。

南次三经之首曰天虞之山，其下多水，不可以上。

东五百里，曰祷过之山，其上多金、玉，其下多犀、兕[1]，

〔14〕苕：音条。
〔15〕鮆：音咨。
〔16〕阌：音捉。
〔17〕虖勺：音乎朔。
〔18〕砆石：砆，音夫；武夫石，似玉。
〔19〕湨：音局。
〔20〕洵：音寻。
〔21〕䍺：音环。
〔22〕阏：音厄。
〔23〕茈蠃：音紫螺。
〔24〕枬：音楠；楠树。
〔25〕载出载入：忽明忽灭。
〔26〕次：停留、休息。

〔1〕兕：音寺；其状如牛。

多象。有鸟焉，其状如䴔[2]，而白首、三足、人面，其名曰瞿如，其鸣自号[3]也。泿[4]水出焉，而南流注于海。其中有虎蛟，其状鱼身而蛇尾，其音如鸳鸯，食者不肿，可以已痔。

又东五百里，曰丹穴之山，其上多金、玉。丹水出焉，而南流注于渤海。有鸟焉，其状如鸡，五采而文，名曰凤皇，首文曰德，翼文曰义，背文曰礼，膺[5]文曰仁，腹文曰信。是鸟也，饮食自然，自歌自舞，见则天下安宁。

又东五百里，曰发爽之山，无草木，多水，多白猿。汎[6]水出焉，而南流注于渤海。

又东四百里，至于旄[7]山之尾。其南有谷，曰育遗，多怪鸟，凯风[8]自是出。

又东四百里，至于非山之首，其上多金、玉，无水，其下多蝮虫。

又东五百里，曰阳夹之山，无草木，多水。

又东五百里，曰灌湘之山，上多木，无草；多怪鸟，无兽。

又东五百里，曰鸡山，其上多金，其下多丹雘。黑水出焉，而南流注于海。其中有鱄[9]鱼，其状如鲋[10]而彘毛，其音如豚，见则天下大旱。

又东四百里，曰令丘之山，无草木，多火。其南有谷焉，曰中谷，条风[11]自是出。有鸟焉，其状如枭，人面四目而有耳，其名曰颙[12]，其鸣自号也，见则天下大旱。

又东三百七十里，曰仑者之山，其上多金、玉，其下多青雘。有木焉，其状如穀而赤理，其汗如漆，其味如饴，食者不饥，可以释劳[13]，其名曰白蓉[14]，可以血[15]玉。

又东五百八十里，曰禺槀[16]之山，多怪兽，多大蛇。

又东五百八十里，曰南禺之山，其上多金、玉，其下多水。有穴焉，水春辄入，夏乃出，冬则闭。佐水出焉，而东南流注于海，有凤皇、鹓雏。

凡南次三经之首，自天虞之山以至南禺之山，凡一十四山，六千五百三十里。其神皆龙身而人面。其祠皆一白狗祈，糈用稌。

右[17]南经之山，大小凡四十山，万六千三百八十里。

〔2〕䴔：音交。
〔3〕其鸣自号：鸣叫声就是它的名字。
〔4〕泿：音银。
〔5〕膺：音英；胸。
〔6〕汎：音泛。
〔7〕旄：音毛。
〔8〕凯风：南风。
〔9〕鱄：音团。
〔10〕鲋：音付；鲫鱼。
〔11〕条风：东北风。
〔12〕颙：音娱。
〔13〕释劳：忘忧。
〔14〕蓉：音羔。
〔15〕血：染色。
〔16〕槀：音稿。
〔17〕右：右边；古书右翻，故有总结之意。

# 卷二 西山经

【钱来之山】
有兽焉，其状如羊而马尾，名曰羬羊，其脂可以已腊。

腊：音昔；干裂的皮肤。

# 鸲渠

【松果之山】
有鸟焉，其名曰鸲渠，其状如山鸡，黑身赤足，可以已䏿。

鸲：音同。
䏿：皮肤皱起。

【太华之山】

有蛇焉，名曰肥蜰，六足四翼，见则天下大旱。

【符禺之山】

符禺之水出焉，而北流注于渭。其兽多葱聋，其状如羊而赤鬣。

葱聋

【符禺之山】
其鸟多鴖，其状如翠而赤喙，可以御火。

鲑鱼

【英山】

禺水出焉，北流注于招水，其中多鲑鱼，其状如鳖，其音如羊。

【英山】

有鸟焉，其状如鹑，黄身而赤喙，其名曰肥遗，食之已疠，可以杀虫。

疠：疫病。

【竹山】

有兽焉，其状如豚而白毛，大如笄而黑端，名曰豪彘。

笄：音基；簪子。

【羭次之山】
有兽焉，其状如禺而长臂，善投，其名曰嚻。
投：投掷。
嚻：通嚣。

【羭次之山】

有鸟焉，其状如枭，人面而一足，曰橐𩇯，冬见夏蛰，服之不畏雷。

橐𩇯：音驼肥。

【天帝之山】
有兽焉，其状如狗，名曰谿边，席其皮者不蛊。

【天帝之山】

有鸟焉，其状如鹑，黑文而赤翁，名曰栎，食之已痔。

翁：颈毛。

栎

【皋涂之山】

有兽焉，其状如鹿而白尾，马足人手而四角，名曰玃如。

【皋涂之山】

有鸟焉，其状如鸱而人足，名曰数斯，食之已瘿。

瘿：颈瘤。

【黄山】

有兽焉，其状如牛，而苍黑大目，其名曰𤛎。

【黄山】

有鸟焉，其状如鸮，青羽而赤喙，人舌能言，名曰鹦䳇。

鹦䳇：鹦鹉。

鸓

【翠山】

其鸟多鸓，其状如鹊，赤黑而两首四足，可以御火。

鸓：音叠。

羭山神也，祠之用烛，斋百日以百牺，瘞用百瑜，汤其酒百樽，婴以百珪百璧。

鸾鸟

【女床之山】

有鸟焉，其状如翟而五采文，名曰鸾鸟，见则天下安宁。

【鹿台之山】

有鸟焉，其状如雄鸡而人面，名曰凫徯，其鸣自叫也，见则有兵。

【小次之山】

有兽焉，其状如猿，而白首赤足，名曰朱厌，见则大兵。

# 罗罗

【莱山】

其木多檀、楮，其鸟多罗罗，是食人。

# 人面马身神

凡西次二经之首，自钤山至于莱山，凡十七山，四千一百四十里。其十神者，皆人面而马身。其十辈神者，其祠之，毛一雄鸡，钤而不糈；毛采。

其七神皆人面而牛身，四足而一臂，操杖以行，是为飞兽之神。其祠之，毛用少牢，白菅为席。

少牢：用羊和猪祭祀，称为少劳。

【崇吾之山】

有兽焉，其状如禺文臂，豹虎而善投，名曰举父。

【崇吾之山】

有鸟焉，其状如凫，而一翼一目，相得乃飞，名曰蛮蛮，见则天下大水。

《海外南经》：比翼鸟在其东，其为鸟青、赤，两鸟比翼。一曰在南山东。

【钟山】

其子曰鼓，其状如人面而龙身，是与钦䲹杀葆江于昆仑之阳，帝乃戮之钟山之东曰䍃崖。

【钟山】

钦䲹化为大鹗，其状如雕而墨文白首，赤喙而虎爪，其音如晨鹄，见则有大兵。

## 鵕鸟

【钟山】

鼓亦化为鵕鸟，其状如鸱，赤足而直喙，黄文而白首，其音如鹄，见则其邑大旱。

# 文鳐鱼

【泰器之山】

观水出焉，西流注于流沙。是多文鳐鱼，状如鲤鱼，鱼身而鸟翼，苍文而白首赤喙，常行西海，游于东海，以夜飞。其音如鸾鸡，其味酸甘，食之已狂，见则天下大穰。

穰：音瓤，丰收。

【槐江之山】

实惟帝之平圃，神英招司之，其状马身而人面，虎文而鸟翼，徇于四海，其音如榴。

招：音韶。

榴：抽水声。

【槐江之山】

有天神焉，其状如牛，而八足二首马尾，其音如勃皇，见则其邑有兵。

【昆仑之丘】

是实惟帝之下都，神陆吾司之。其神状虎身而九尾，人面而虎爪，是神也，司天之九部及帝之囿时。

陆吾神

土蝼

【昆仑之丘】

有兽焉，其状如羊而四角，名曰土蝼，是食人。

## 钦原

【昆仑之丘】有鸟焉，其状如蠭，大如鸳鸯，名曰钦原，蠚鸟兽则死，蠚木则枯。

蠭：通蜂。

蠚：音呵，刺、蜇。

【乐游之山】

桃水出焉，西流注于稷泽，是多白玉，其中多鳛鱼，其状如蛇而四足，是食鱼。

鳛：音滑。

【嬴母之山】
神长乘司之，是天之九德也。其神状如人而犳尾。

## 西王母

【玉山】

是西王母所居也。西王母其状如人，豹尾虎齿而善啸，蓬发戴胜，是司天之厉及五残。

《海内西经》：西王母梯几而戴胜。其南有三青鸟，为西王母取食。在昆仑虚北。

《大荒南经》：有人戴胜，虎齿，有豹尾，穴处，名曰西王母。

【玉山】

有兽焉，其状如犬而豹文，其角如牛，其名曰狡，其音如吠犬，见则其国大穰。

【玉山】

有鸟焉，其状如翟而赤，名曰胜遇，是食鱼，其音如录，见则其国大水。

录：鹿鸣。

【长留之山】

其神白帝少昊居之。

《大荒东经》：东海之外大壑，少昊之国。少昊孺帝颛顼于此，弃其琴瑟。

《大荒南经》：有缗渊。少昊生倍伐降处缗渊。

【长留之山】

实惟员神魄氏之宫。是神也，主司反景。

魄：音伟。

【章莪之山】
有兽焉，其状如赤豹，五尾一角，其音如击石，其名如狰。

莪：音鹅。

【章莪之山】

有鸟焉，其状如鹤，一足，赤文青质而白喙，名曰毕方，其鸣自叫也，见则其邑有讹火。

《海外南经》：毕方鸟在其东，青水西，其为鸟一脚。一曰在二八神东。

讹火：怪火。

【阴山】

有兽焉，其状如狸而白首，名曰天狗，其音如榴榴，可以御凶。

榴榴：或作猫猫。

天狗

【符惕之山】

其上多棕、枏，下多金、玉。神江疑居之。是山也，多怪雨，风云之所出也。

【三危之山】

三青鸟居之。是山也，广员百里。

《海内西经》：其南有三青鸟，为西王母取食。

《大荒西经》：有三青鸟，赤首黑目，一名曰大鵹，一曰少鵹，一名曰青鸟。

三青鸟

【三危之山】

其上有兽焉，其状如牛，白身四角，其豪如披蓑，其名曰傲徆，是食人。

傲徆：音奥噎。

【三危之山】

有鸟焉，一首而三身，其状如䴋，其名曰鸱。

䴋：音洛。

【騩山】

其上多玉而无石。神耆童居之，其音常如钟磬。

騩：音微。

# 帝江

【天山】

有神焉，其状如黄囊，赤如丹火，六足四翼，浑敦无面目，是识歌舞，实为帝江也。

江：音鸿。

【泑山】

神蓐收居之。

《海外西经》：西方蓐收，左耳有蛇，乘两龙。

泑：音优。

蓐：音入。

# 红光神

【泑山】

是山也，西望日之所入，其气员，神红光之所司也。

讙

【翼望之山】

有兽焉，其状如狸，一目而三尾，名曰讙，其音如奪百声，是可以御凶，服之已瘅。

讙：音欢。

奪：音夺。

瘅：音旦；黄疸病。

鵸鵌

【翼望之山】

有鸟焉，其状如乌，三首六尾而善笑，名曰鵸鵌，服之使人不厌，又可以御凶。

鵸鵌：音奇余。

# 羊身人面神

凡西次三经之首，崇吾之山至于翼望之山，凡二十三山，六千七百四十四里。其神状皆羊身人面。其祠之礼，用一吉玉瘗，糈用稷米。

当扈

【上申之山】

其鸟多当扈，其状如雉，以其髯飞，食之不眴目。

眴目：同瞬目，眨眼。

神䰡

【刚山】
是多神䰡，其状人面兽身，一足一手，其音如钦。

䰡：音赤。
钦：通吟。

## 蛮蛮

【刚山之尾】
其中多蛮蛮，其状鼠身而鳖首，其音如吠犬。

【英鞮之山】
是多冉遗之鱼，
鱼身蛇首六足，
其目如马耳，
食之使人不眯，
可以御凶。

【中曲之山】

有兽焉，其状如马而白身黑尾，一角，虎牙爪，音如鼓音，其名曰驳，是食虎豹，可以御兵。

穷奇

【邽山】

其上有兽焉，其状如牛，蝟毛，名曰穷奇，音如獋狗，是食人。

《海内北经》：穷奇状如虎，有翼，食人从首始，所食被发。在蜪犬北。一曰从足。

嬴鱼

【邽山】

濛水出焉，南流注于洋水，其中多黄贝，嬴鱼，鱼身而鸟翼，音如鸳鸯，见则其邑大水。

## 鳋鱼

【鸟鼠同穴之山】

渭水出焉，而东流注于河。其中多鳋鱼，其状如鳣鱼，动则其邑有大兵。

# 䱈魮

【鸟鼠同穴之山】

滥水出于其西，西流注于汉水，多䱈魮之鱼，其状如覆铫，鸟首而鱼翼，音如磬石之声，是生珠玉。

䱈魮：音如疲。

【崦嵫之山】

有鸟焉，其状如鸮而人面，蜼身犬尾，其名自号也，见则其邑大旱。

崦嵫：音烟兹。
蜼：音伟；猕猴属。

【崦嵫之山】

有兽焉，其状马身而鸟翼，人面蛇尾，是好举人，名曰孰湖。

举人：把人举起。

孰湖

# 西山经

## 原文

西山经华山之首曰钱来之山。其上多松，其下多洗石。有兽焉，其状如羊而马尾，名曰羬[1]羊，其脂可以已腊[2]。

西四十五里，曰松果之山。濩[3]水出焉，北注于渭，其中多铜。有鸟焉，其名曰螐[4]渠，其状如山鸡，黑身赤足，可以已㬥[5]。

又西六十里，曰太华之山，削成而四方，其高五千仞，其广十里，鸟兽莫居。有蛇焉，名曰肥𧔥[6]，六足四翼，见则天下大旱。

又西八十里，曰小华之山，其木多荆、杞，其兽多㸲[7]牛，其阴多磬石，其阳多㻬琈[8]之玉。鸟多赤鷩[9]，可以御火。其草有萆[10]荔，状如乌韭，而生于石上，亦缘木而生，食之已心痛。

又西八十里，曰符禺之山，其阳多铜，其阴多铁。其上有木焉，名曰文茎，其实如枣，可以已聋。其草多条，其状如葵，而赤华黄实，如婴儿舌，食之使人不惑。符禺之水出焉，而北流注于渭。其兽多葱聋，其状如羊而赤鬣。其鸟多鴖[11]，其状如翠而赤喙，可以御火。

又西六十里，曰石脆之山，其木多棕、枏，其草多条，其状如韭，而白华黑实，食之已疥。其阳多㻬琈之玉，其阴多铜。灌水出焉，而北流注于禺水。其中有流赭，以涂牛马无病。

又西七十里，曰英山，其上多杻、橿[12]，其阴多铁，其阳多赤金。禺水出焉，北流注于招水，其中多鲜[13]鱼，其状如鳖，其音如羊。其阳多箭、䉋[14]，其兽多㸲牛、羬羊。有鸟焉，其状如鹑，黄身而赤喙，

〔1〕羬：音前。
〔2〕腊：音息；干裂的皮肤。
〔3〕濩：音户。
〔4〕螐：音同。
〔5〕㬥：音暴；皮肤皱起。
〔6〕𧔥：音遗。
〔7〕㸲：音昨。
〔8〕㻬琈：音涂浮。
〔9〕鷩：音憋。
〔10〕萆：音必。
〔11〕鴖：音民。
〔12〕橿：音疆。
〔13〕鲜：音棒。
〔14〕䉋：音媚；竹子。

其名曰肥遗，食之已疠[15]，可以杀虫。

又西五十二里，曰竹山，其上多乔木，其阴多铁。有草焉，其名曰黄雚，其状如樗[16]，其叶如麻，白华而赤实，其状如赭，浴之已疥，又可以已胕[17]。竹水出焉，北流注于渭，其阳多竹、箭，多苍玉。丹水出焉，东南流注于洛水，其中多水玉，多人鱼。有兽焉，其状如豚而白毛，大如笄[18]而黑端，名曰豪彘。

又西百二十里，曰浮山，多盼木，枳叶而无伤，木虫居之。有草焉，名曰薰草，麻叶而方茎，赤华而黑实，臭[19]如蘼芜[20]，佩之可以已疠。

又西七十里，曰羭[21]次之山，漆水出焉，北流注于渭。其上多棫、橿，其下多竹、箭，其阴多赤铜，其阳多婴垣[22]之玉。有兽焉，其状如禺而长臂，善投[23]，其名曰嚻[24]。有鸟焉，其状如枭，人面而一足，曰橐𩇯[25]，冬见夏蛰[26]，服之不畏雷。

又西百五十里，曰时山，无草木。逐水出焉，北流注于渭，其中多水玉。

又西百七十里，曰南山，上多丹粟。丹水出焉，北流注于渭。兽多猛豹，鸟多尸鸠。

又西百八十里，曰大时之山，上多穀、柞[27]，下多杻、橿，阴多银，阳多白玉。涔[28]水出焉，北流注于渭。清水出焉，南流注于汉水。

又西三百二十里，曰嶓[29]冢之山，汉水出焉，而东南流注于沔；嚻水出焉，北流注于汤水。其上多桃枝、钩端[30]，兽多犀、兕、熊、罴[31]，鸟多白翰、赤鷩。有草焉，其叶如蕙，其本如桔梗，黑华而不实，名曰蓇[32]蓉，食之使人无子。

又西三百五十里，曰天帝之山，上多棕、枏，下多菅、蕙。有兽焉，其状如狗，名曰谿[33]边，席其皮者不蛊。有鸟焉，其状如鹑，黑文而赤翁[34]，名曰栎，食之已痔。有草焉，其状如

〔15〕疠：疫病。
〔16〕樗：音出；臭椿树。
〔17〕胕：音服；浮肿。
〔18〕笄：音基；簪子。
〔19〕臭：音嗅；气味。
〔20〕蘼芜：音迷无；香草。
〔21〕羭：音于。
〔22〕垣：音元。
〔23〕善投：善于投掷。
〔24〕嚻：通嚣。
〔25〕橐𩇯：音驼肥。
〔26〕蛰：蛰伏。
〔27〕柞：音作；栎树。
〔28〕涔：音钱。
〔29〕嶓：音波。
〔30〕桃枝、钩端：皆竹名，桃枝竹，钩端竹。
〔31〕罴：熊的一种。
〔32〕蓇：音骨。
〔33〕谿：音溪。
〔34〕翁：颈毛。

葖，其臭如蘼芜，名曰杜衡，可以走马[35]，食之已瘿[36]。

西南三百八十里，曰皋涂之山，蔷水出焉，西流注于诸资之水；涂水出焉，南流注于集获之水。其阳多丹粟，其阴多银、黄金，其上多桂木。有白石焉，其名曰礜[37]，可以毒鼠。有草焉，其状如槀茇[38]，其叶如葵而赤背，名曰无条，可以毒鼠。有兽焉，其状如鹿而白尾，马足人手而四角，名曰玃[39]如。有鸟焉，其状如鸱而人足，名曰数斯，食之已瘿。

又西百八十里，曰黄山，无草木，多竹、箭。盼水出焉，西流注于赤水，其中多玉。有兽焉，其状如牛，而苍黑大目，其名曰𤛎[40]。有鸟焉，其状如鸮[41]，青羽而赤喙，人舌能言，名曰鹦䳇[42]。

又西二百里，曰翠山，其上多棕、枏，其下多竹、箭，其阳多黄金、玉，其阴多旄牛、麢[43]、麝[44]；其鸟多鸓[45]，其状如鹊，赤黑而两首四足，可以御火。

又西二百五十里，曰騩[46]山，是錞[47]于西海，无草木，多玉。淒水出焉，西流注于海，其中多采石、黄金，多丹粟。

凡西经之首，自钱来之山至于騩山，凡十九山，二千九百五十七里。华山冢也，其祠之礼：太牢[48]。羭山神也，祠之用烛，斋百日以百牺[49]，瘗用百瑜[50]，汤[51]其酒百樽，婴[52]以百珪百璧。其余十七山之属，皆毛牷[53]用一羊祠之。烛者[54]，百草之未灰，白席采等纯之。

〔35〕走马：马得之而健走。
〔36〕瘿：音婴；颈瘤。
〔37〕礜：音玉。
〔38〕槀茇：音高拔；一种香草。
〔39〕玃：音绝。
〔40〕𤛎：音敏。
〔41〕鸮：音消；鹰一类的猛禽。
〔42〕鹦䳇：鹦鹉。
〔43〕麢：音灵；羚羊。
〔44〕麝：音射；香獐。
〔45〕鸓：音叠。
〔46〕騩：音微。
〔47〕錞：通蹲；蹲踞。
〔48〕太牢：牛、羊、猪为太牢。
〔49〕牺：毛色纯正的牲畜。
〔50〕瑜：一种美玉。
〔51〕汤：温、烫。
〔52〕婴：围绕。
〔53〕牷：牲畜色纯且完整。
〔54〕烛者：所谓烛，就是百草束成的火把，当它还没有烧成灰的时候就叫烛。

西次二经之首曰钤[1]山，其上多铜，其下多玉，其木多杻、橿。

西二百里，曰泰冒之山，其阳多玉，其阴多铁。浴水出焉，东流注于河，其中多藻玉，多白蛇。

又西一百七十里，曰数历之山，其上多黄金，其下多银，其木多杻、橿，其鸟多鹦䳇。楚水出焉，而南流注于渭，其中多白珠。

又西百五十里高山，其上多银，其下多青碧、雄黄，其木多

〔1〕钤：音前。

棕，其草多竹。泾水出焉，而东流注于渭，其中多磬石、青碧。

西南三百里，曰女床之山，其阳多赤铜，其阴多石涅[2]，其兽多虎、豹、犀、兕。有鸟焉，其状如翟[3]而五采文，名曰鸾鸟，见则天下安宁。

又西二百里，曰龙首之山，其阳多黄金，其阴多铁。苕水出焉，东南流注于泾水，其中多美玉。

又西二百里，曰鹿台之山，其上多白玉，其下多银，其兽多㸲牛、羬羊、白豪[4]。有鸟焉，其状如雄鸡而人面，名曰凫徯[5]，其鸣自叫也，见则有兵。

西南二百里，曰鸟危之山，其阳多磬石，其阴多檀、楮[6]，其中多女床。鸟危之水出焉，西流注于赤水，其中多丹粟。

又西四百里，曰小次之山，其上多白玉，其下多赤铜。有兽焉，其状如猿，而白首赤足，名曰朱厌，见则大兵。

又西三百里，曰大次之山，其阳多垩[7]，其阴多碧，其兽多㸲牛、麢羊。

又西四百里，曰薰吴之山，无草木，多金、玉。

又西四百里，曰厎[8]阳之山，其木多櫻[9]、楠、豫章，其兽多犀、兕、虎、犳[10]、㸲牛。

又西二百五十里，曰众兽之山，其上多㻬琈之玉，其下多檀、楮，多黄金，其兽多犀、兕。

又西五百里，曰皇人之山，其上多金、玉，其下多青雄黄。皇水出焉，西流注于赤水，其中多丹粟。

又西三百里，曰中皇之山，其上多黄金，其下多蕙、棠。

又西三百五十里，曰西皇之山，其阳多黄金，其阴多铁，其兽多麋、鹿、㸲牛。

又西三百五十里，曰莱山，其木多檀、楮，其鸟多罗罗，是食人。

凡西次二经之首，自钤山至于莱山，凡十七山，四千一百四十里。其十神者，皆人面而马身。其七神皆人面而牛身，四足而一臂，操杖以行，是为飞兽之神。其祠之，毛用少牢[11]，白菅为席。其十辈神者，其祠之，毛一雄鸡，钤而不糈[12]；毛采[13]。

〔2〕石涅：黑石脂，可以画眉。
〔3〕翟：长尾山鸡。
〔4〕白豪：白色豪猪。
〔5〕凫徯：音伏溪。
〔6〕楮：音储；构树。
〔7〕垩：泥土。
〔8〕厎：音纸。
〔9〕櫻：音计；似松树，有刺，细纹理。
〔10〕犳：音卓。
〔11〕少牢：羊和猪为少劳。
〔12〕钤而不糈：祈祷时不用精米。
〔13〕毛采：杂色雄鸡。

西次三经之首，曰崇吾之山，在河之南，北望冢遂[1]，南望䍃[2]之泽，西望帝之搏兽之丘，东望蟡[3]渊。有木焉，员[4]叶而白柎[5]，赤华而黑理，其实如枳，食之宜子孙。有兽焉，其状如禺文臂，豹虎而善投，名曰举父。有鸟焉，其状如凫[6]，而一翼一目，相得乃飞，名曰蛮蛮，见则天下大水。

西北三百里，曰长沙之山。泚[7]水出焉，北流注于泑[8]水，无草木，多青雄黄。

又西北三百七十里，曰不周之山。北望诸毗之山，临彼岳崇之山，东望泑泽，河水所潜也，其原浑浑泡泡[9]。爰有嘉果，其实如桃，其叶如枣，黄华而赤柎，食之不劳。

又西北四百二十里，曰峚[10]山，其上多丹木，员叶而赤茎，黄华而赤实，其味如饴，食之不饥。丹水出焉，西流注于稷泽，其中多白玉。是有玉膏，其原沸沸汤汤，黄帝是食是飨[11]。是生玄玉。玉膏所出，以灌丹木，丹木五岁，五色乃清，五味乃馨。黄帝乃取峚山之玉荣，而投之钟山之阳。瑾瑜之玉为良，坚粟精密，浊泽而有光。五色发作，以和柔刚。天地鬼神，是食是飨；君子服之，以御不祥。自峚山至于钟山，四百六十里，其间尽泽也。是多奇鸟、怪兽、奇鱼，皆异物焉。

又西北四百二十里，曰钟山。其子曰鼓，其状如人面而龙身，是与钦䲹[12]杀葆江于昆仑之阳，帝乃戮之钟山之东曰䍃[13]崖。钦䲹化为大鹗，其状如雕而墨文白首，赤喙而虎爪，其音如晨鹄[14]，见则有大兵；鼓亦化为鵕[15]鸟，其状如鸱，赤足而直喙，黄文而白首，其音如鹄，见则其邑大旱。

又西百八十里，曰泰器之山。观水出焉，西流注于流沙。是多文鳐[16]鱼，状如鲤鱼，鱼身而鸟翼，苍文而白首赤喙，常行西海，游于东海，以夜飞[17]。其音如鸾鸡，其味酸甘，食之已狂，见则天下大穰[18]。

又西三百二十里，曰槐江之山。丘时之水出焉，而北流注于泑水。其中多蠃[19]母，其上多青雄黄，多藏琅玕[20]、黄金、玉，其阳多丹粟。其阴多采黄金、银。实惟帝之平圃，神英招[21]司之，其状马身而人面，虎文而鸟翼，徇于四海，其音如榴[22]。南

〔1〕冢遂：山名。
〔2〕䍃：音摇。
〔3〕蟡：音焉。
〔4〕员：通圆。
〔5〕柎：音夫；花萼。
〔6〕凫：水鸟，野鸭。
〔7〕泚：音此。
〔8〕泑：音优。
〔9〕浑浑泡泡：音滚滚咆咆；水喷涌的声音。
〔10〕峚：音密。
〔11〕飨：通享。
〔12〕䲹：音批。
〔13〕䍃：音谣。
〔14〕鹄：音胡。
〔15〕鵕：音俊。
〔16〕鳐：音摇。
〔17〕以夜飞：夜间飞行。
〔18〕穰：音瓤；丰收。
〔19〕蠃：通螺。
〔20〕琅玕：音郎甘；似珠玉的美石。
〔21〕招：音韶。
〔22〕榴：抽水声。

望昆仑，其光熊熊，其气魂魂〔23〕。西望大泽，后稷所潜也。其中多玉，其阴多榣木之有若〔24〕。北望诸𣝺，槐鬼离仑居之，鹰、鹯〔25〕之所宅也。东望恒山四成，有穷鬼居之，各在一搏〔26〕。爰有瑶水，其清洛洛。有天神焉，其状如牛，而八足二首马尾，其音如勃皇，见则其邑有兵。

西南四百里，曰昆仑之丘，是实惟帝之下都，神陆吾司之。其神状虎身而九尾，人面而虎爪，是神也，司天之九部及帝之囿〔27〕时。有兽焉，其状如羊而四角，名曰土蝼，是食人。有鸟焉，其状如蠭〔28〕，大如鸳鸯，名曰钦原，蠚〔29〕鸟兽则死，蠚木则枯。有鸟焉，其名曰鹑鸟，是司帝之百服〔30〕。有木焉，其状如棠，黄华赤实，其味如李而无核，名曰沙棠，可以御水，食之使人不溺。有草焉，名曰蘋〔31〕草，其状如葵，其味如葱，食之已劳。河水出焉，而南流注于无达。赤水出焉，而东南流注于氾天之水。洋水出焉，而西南流注于丑涂之水。墨水出焉，而西流注于大杅〔32〕。是多怪鸟兽。

又西三百七十里，曰乐游之山。桃水出焉，西流注于稷泽，是多白玉，其中多䱻〔33〕鱼，其状如蛇而四足，是食鱼。

西水行四百里，曰流沙，二百里至于蠃母之山，神长乘司之，是天之九德也。其神状如人而犳尾。其上多玉，其下多青石而无水。

又西三百五十里，曰玉山，是西王母所居也。西王母其状如人，豹尾虎齿而善啸，蓬发戴胜〔34〕，是司天之厉〔35〕及五残。有兽焉，其状如犬而豹文，其角如牛，其名曰狡，其音如吠犬，见则其国大穰。有鸟焉，其状如翟而赤，名曰胜遇，是食鱼，其音如录〔36〕，见则其国大水。

又西四百八十里，曰轩辕之丘，无草木。洵水出焉，南流注于黑水，其中多丹粟，多青雄黄。

又西三百里，曰积石之山，其下有石门，河水冒以西流，是山也，万物无不有焉。

又西二百里，曰长留之山，其神白帝少昊居之。其兽皆文尾，其鸟皆文首。是多文玉石。实惟员神磈〔37〕氏之宫。是神也，主司反景〔38〕。

又西二百八十里，曰章莪〔39〕之山，无草木，多瑶、碧。所

〔23〕魂魂：气象恢弘。
〔24〕若：若木，长于榣木之上。
〔25〕鹯：音沾；猛禽，似鹞鹰。
〔26〕搏：也作抟，肩膀。
〔27〕囿：园圃，园林。
〔28〕蠭：通蜂。
〔29〕蠚：音呵；刺、蜇。
〔30〕百服：各种器物、服饰。
〔31〕蘋：音频。
〔32〕杅：音于。
〔33〕䱻：音滑。
〔34〕胜：玉质首饰。
〔35〕厉：灾厉。
〔36〕录：鹿鸣。
〔37〕磈：音伟。
〔38〕反景：景通影，把中午之前指向西方的影子反拨向东方。
〔39〕莪：音鹅。

为甚怪。有兽焉，其状如赤豹，五尾一角，其音如击石，其名如狰。有鸟焉，其状如鹤，一足，赤文青质而白喙，名曰毕方，其鸣自叫也，见则其邑有讹火[40]。

又西三百里，曰阴山。浊浴之水出焉，而南流注于蕃泽，其中多文贝。有兽焉，其状如狸而白首，名曰天狗，其音如榴榴[41]，可以御凶。

又西二百里，曰符愓[42]之山，其上多棕、枏，下多金、玉。神江疑居之。是山也，多怪雨，风云之所出也。

又西二百二十里，曰三危之山，三青鸟居之。是山也，广员百里。其上有兽焉，其状如牛，白身四角，其豪如披蓑[43]，其名曰傲彻[44]，是食人。有鸟焉，一首而三身，其状如鸈[45]，其名曰鸱。

又西一百九十里，曰騩山，其上多玉而无石。神耆[46]童居之，其音常如钟磬。其下多积蛇。

又西三百五十里，曰天山，多金、玉，有青雄黄。英水出焉，而西南流注于汤谷。有神焉，其状如黄囊，赤如丹火，六足四翼，浑敦[47]无面目，是识歌舞，实为帝江[48]也。

又西二百九十里，曰泑山，神蓐[49]收居之。其上多婴短之玉，其阳多瑾瑜之玉，其阴多青雄黄。是山也，西望日之所入，其气员，神红光之所司也。

西水行百里，至于翼望之山，无草木，多金、玉。有兽焉，其状如狸，一目而三尾，名曰讙[50]，其音如奪[51]百声，是可以御凶，服之已瘅[52]。有鸟焉，其状如乌，三首六尾而善笑，名曰鵸鵌[53]，服之使人不厌，又可以御凶。

凡西次三经之首，崇吾之山至于翼望之山，凡二十三山，六千七百四十四里。其神状皆羊身人面。其祠之礼，用一吉玉瘗，糈用稷米。

〔40〕讹火：怪火。
〔41〕榴榴：或作猫猫。
〔42〕愓：音替。
〔43〕蓑：用草编织的雨披。
〔44〕傲彻：音奥噎。
〔45〕鸈：音洛。
〔46〕耆：音奇。
〔47〕浑敦：混沌，模糊不清。
〔48〕江：音鸿。
〔49〕蓐：音入。
〔50〕讙：音欢。
〔51〕奪：音夺。
〔52〕瘅：音旦；黄疸病。
〔53〕鵸鵌：音奇余。

西次四经之首曰阴山，上多穀，无石，其草多茆[1]、蕃[2]。阴水出焉，西流注于洛。

北五十里，曰劳山，多茈[3]草。弱水出焉，而西流注于洛。

西五十里，曰罢父之山，洱水出焉，而西流注于洛，其中多

〔1〕茆：音卯；莼菜。
〔2〕蕃：音烦；草名。
〔3〕茈：音紫。

茈、碧。

北七十里，曰申山，其上多榖、柞，其下多杻、橿，其阳多金、玉。区水出焉，而东流注于河。

北二百里，曰鸟山，其上多桑，其下多楮，其阴多铁，其阳多玉。辱水出焉，而东流注于河。

又北百二十里，曰上申之山，上无草木，而多硌〔4〕石，下多榛、楛〔5〕，兽多白鹿。其鸟多当扈，其状如雉，以其髯飞，食之不眴目〔6〕。汤水出焉，东流注于河。

又北百八十里，曰诸次之山，诸次之水出焉，而东流注于河。是山也，多木无草，鸟兽莫居，是多众蛇。

又北百八十里，曰号山，其木多漆、棕，其草多药、虈〔7〕，芎䓖〔8〕。多汵〔9〕石。端水出焉，而东流注于河。

又北二百二十里，曰盂山，其阴多铁，其阳多铜，其兽多白狼、白虎，其鸟多白雉、白翟。生水出焉，而东流注于河。

西二百五十里，曰白於之山，上多松、柏，下多栎、檀，其兽多㸲牛、羬羊，其鸟多鸮。洛水出于其阳，而东流注于渭；夹水出于其阴，东流注于生水。

西北三百里，曰申首之山，无草木，冬夏有雪。申水出于其上，潜于其下，是多白玉。

又西五十五里，曰泾谷之山。泾水出焉，东南流注于渭，是多白金、白玉。

又西百二十里，曰刚山，多柒木〔10〕，多㻬琈之玉。刚水出焉，北流注于渭。是多神䰠〔11〕，其状人面兽身，一足一手，其音如钦〔12〕。

又西二百里，至刚山之尾。洛水出焉，而北流注于河。其中多蛮蛮，其状鼠身而鳖首，其音如吠犬。

又西三百五十里，曰英鞮〔13〕之山，上多漆木，下多金、玉，鸟兽尽白。涴〔14〕水出焉，而北流注于陵羊之泽。是多冉遗之鱼，鱼身蛇首六足，其目如马耳，食之使人不眯〔15〕，可以御凶。

又西三百里，曰中曲之山，其阳多玉，其阴多雄黄、白玉及金。有兽焉，其状如马而白身黑尾，一角，虎牙爪，音如鼓音，

〔4〕硌：音洛。
〔5〕楛：音户；木名，荆属。
〔6〕眴目：同瞬目，眨眼。
〔7〕虈：音萧；香草。
〔8〕芎䓖：音凶穷；川芎。
〔9〕汵：音金。
〔10〕柒木：即下文漆木。
〔11〕䰠：音赤。
〔12〕钦：通吟。
〔13〕鞮：音低。
〔14〕涴：音渊。
〔15〕眯：梦魇。

其名曰狡[16]，是食虎豹，可以御兵。有木焉，其状如棠，而员叶赤实，实大如木瓜，名曰櫰[17]木，食之多力。

又西二百六十里，曰邽[18]山。其上有兽焉，其状如牛，蝟[19]毛，名曰穷奇，音如獆[20]狗，是食人。濛水出焉，南流注于洋水，其中多黄贝，蠃鱼，鱼身而鸟翼，音如鸳鸯，见则其邑大水。

又西二百二十里，曰鸟鼠同穴之山，其上多白虎、白玉。渭水出焉，而东流注于河。其中多鳋[21]鱼，其状如鳣鱼，动则其邑有大兵。滥[22]水出于其西，西流注于汉水，多䰽魮[23]之鱼，其状如覆铫[24]，鸟首而鱼翼，音如磬石之声，是生珠玉。

西南三百六十里，曰崦嵫[25]之山，其上多丹木，其叶如穀，其实大如瓜，赤符而黑理，食之已瘅，可以御火。其阳多龟，其阴多玉。苕水出焉，而西流注于海，其中多砥、砺。有兽焉，其状马身而鸟翼，人面蛇尾，是好举人，名曰孰湖。有鸟焉，其状如鸮而人面，蜼[26]身犬尾，其名自号也，见则其邑大旱。

凡西次四经自阴山以下，至于崦嵫之山，凡十九山，三千六百八十里。其神祠礼，皆用一白鸡祈，糈以稻米，白菅为席。

右西经之山，凡七十七山，一万七千五百一十七里。

〔16〕狡：音驳。
〔17〕櫰：音归。
〔18〕邽：音圭。
〔19〕蝟：刺猬。
〔20〕獆：音嚎。
〔21〕鳋：音骚。
〔22〕滥：音建。
〔23〕䰽魮：音如疲。
〔24〕覆铫：覆，翻转；铫，音吊，煎药或烧水的器具。
〔25〕崦嵫：音烟兹。
〔26〕蜼：音伟；猕猴属。

# 卷三

# 北山经

【求如之山】

滑水出焉，而西流注于诸毗之水。其中多滑鱼，其状如鳝，赤背，其音如梧，食之已疣。

鳝：音善；鳝鱼。

梧：琴瑟。

【求如之山】

滑水出焉，而西流注于诸毗之水。其中多水马，其状如马，文臂牛尾，其音如呼。

【带山】

有兽焉，其状如马，一角有错，其名曰臛疏，可以辟火。

错：通厝，磨刀石。

臛：音欢。

【带山】

有鸟焉，其状如乌，五采而赤文，名曰鹌鸰，是自为牝牡，食之不疽。

疽：音居；痈疽、毒疮。

【带山】

彭水出焉，而西流注于芘湖之水，中多儵鱼，其状如鸡而赤毛，三尾、六足、四首，其音如鹊，食之可以已忧。

儵：音由。

【谯明之山】

谯水出焉，西流注于河。其中多何罗之鱼，一首而十身，其音如吠犬，食之已痈。

孟槐

【谯明之山】

有兽焉，其状如貆而赤豪，其音如榴榴，名曰孟槐，可以御凶。

貆：音环；豪猪。

【涿光之山】

𠿍水出焉，而西流注于河。其中多鳛鳛之鱼，其状如鹊而十翼，鳞皆在羽端，其音如鹊，可以御火，食之不瘅。

鳛：音习。

【虢山】
其兽多橐驼，其鸟多寓，状如鼠而鸟翼，其音如羊，可以御兵。

橐驼：骆驼。

【丹熏之山】

有兽焉，其状如鼠，而菟首麋身，其音如獆犬，以其尾飞，名曰耳鼠，食之不睬，又可以御百毒。

菟：通兔。

睬：音采；臌胀病。

【石者之山】

有兽焉，其状如豹，而文题白身，名曰孟极，是善伏，其鸣自呼。

题：额头。

善伏：善于隐藏。

幽鴳

【边春之山】

有兽焉，其状如禺而文身，善笑，见人则卧，名曰幽鴳，其鸣自呼。

鴳：音燕。

足訾

【蔓联之山】

有兽焉，其状如禺而有鬣，牛尾、文臂、马蹄，见人则呼，名曰足訾，其鸣自呼。

訾：音资。

䴔

【蔓联之山】

有鸟焉，群居而朋飞，其毛如雌雉，名曰䴔，其鸣自呼，食之已风。

【单张之山】

有兽焉，其状如豹而长尾，人首而牛耳，一目，名曰诸犍，善吒，行则衔其尾，居则蟠其尾。

吒：吼叫。
居：睡觉。
蟠：盘曲。

【单张之山】

有鸟焉，其状如雉，而文首、白翼、黄足，名曰白䳐，食之已嗌痛，可以已痸。

䳐：音夜。

嗌：音益；咽喉。

痸：音赤；癫狂病。

【灌题之山】
有兽焉，其状如牛而白尾，其音如訆，名曰那父。

訆：音叫，呼叫。

竦斯

【灌题之山】

有鸟焉，其状如雌雉而人面，见人则跃，名曰竦斯，其鸣自呼也。

【潘侯之山】

有兽焉，其状如牛，而四节生毛，或曰旄牛。

【大咸之山】

有蛇名曰长蛇，其毛如彘豪，其音如鼓柝。

柝：音拓；古时巡夜敲击报更的木梆。

# 䲛䲛鱼

【少咸之山】

敦水出焉，东流注于雁门之水，其中多䲛䲛之鱼，食之杀人。

䲛：音佩。

## 【少咸之山】

有兽焉，其状如牛，而赤身、人面、马足，名曰窫窳，其音如婴儿，是食人。

《海内南经》：窫窳龙首，居弱水中，在狌狌知人名之西，其状如貙，龙首，食人。

窫窳：音亚语。

貙：音初。

窫窳

鱢鱼

【狱法之山】

瀤泽之水出焉，而东北流注于泰泽。其中多鱢鱼，其状如鲤而鸡足，食之已疣。

瀤：音怀。
鱢：音早。

# 山狎

【狱法之山】

有兽焉，其状如犬而人面，善投，见人则笑，其名山狎，其行如风，见则天下大风。

善投：善于投掷。

狎：音辉。

诸怀

【北岳之山】

有兽焉，其状如牛，而四角、人目、彘耳，其名曰诸怀，其音如鸣雁，是食人。

【北岳之山】

诸怀之水出焉，而西流注于嚻水，水中多鮨鱼，鱼身而犬首，其音如婴儿，食之已狂。

鮨：音义。

【浑夕之山】

有蛇一首两身，名曰肥遗，见则其国大旱。

【隄山】

有兽焉，其状如豹而文首，名曰狕。

狕：音咬。

狕

【隄山】

隄水出焉，而东流注于泰泽，其中多龙龟。

龙龟

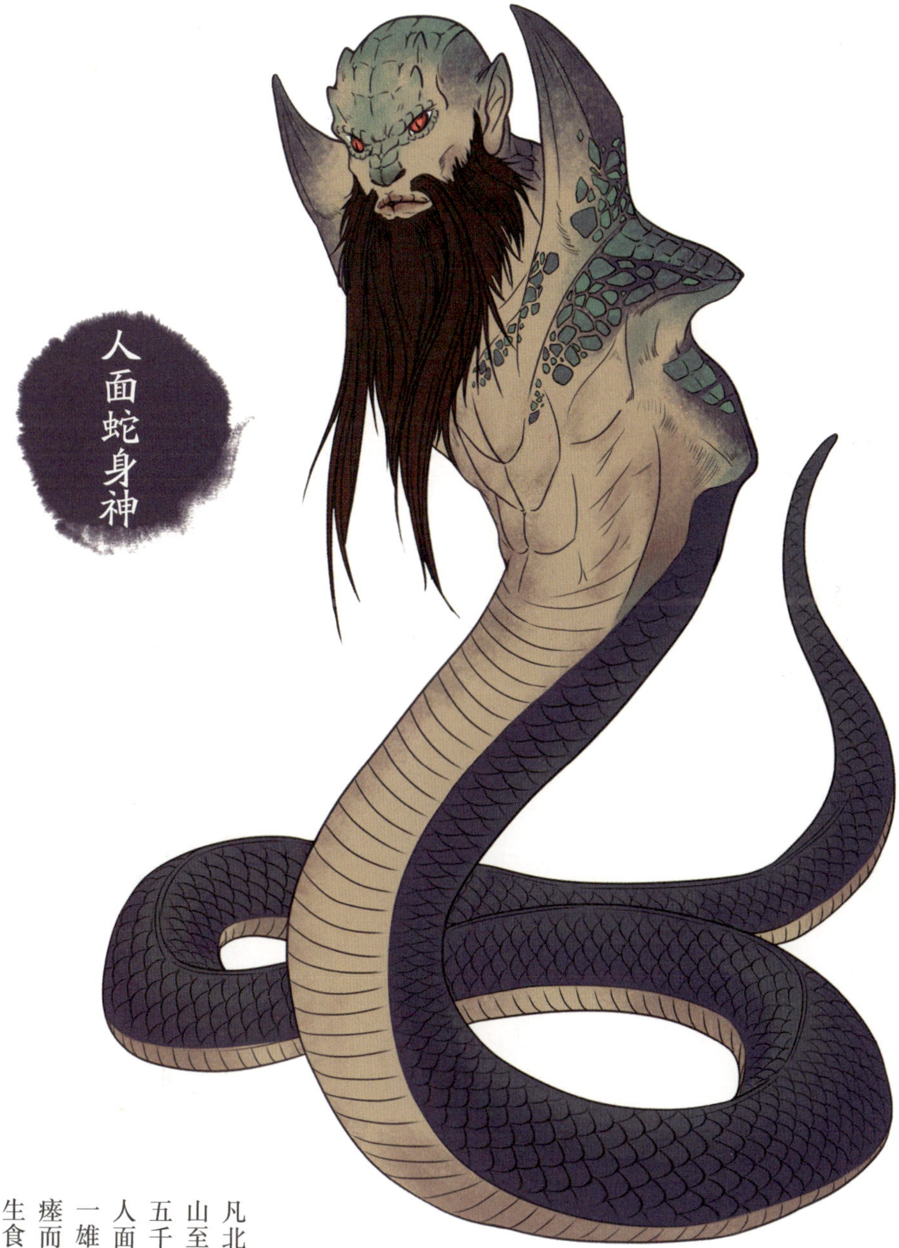


凡北山经之首，自单狐之山至于隄山，凡二十五山，五千四百九十里，其神皆人面蛇身。其祠之，毛用一雄鸡彘瘗，吉玉用一珪，瘗而不糈。其山北人，皆生食不火之物。

鲞鱼

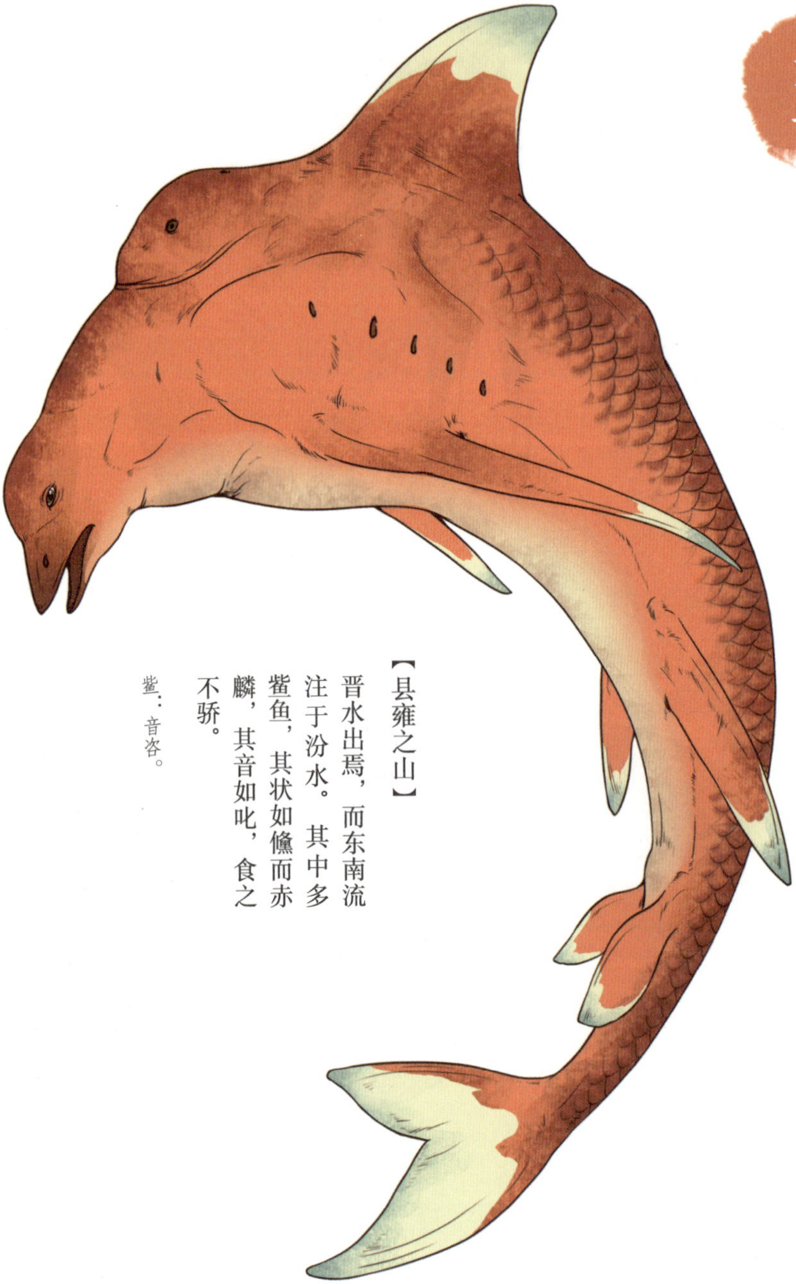

【县雍之山】

晋水出焉，而东南流注于汾水。其中多鲞鱼，其状如儵而赤麟，其音如叱，食之不骄。

鲞：音咨。

【敦头之山】

旄水出焉，而东流注于印泽。其中多䮴马，牛尾而白身，一角，其音如呼。

䮴：音勃。

【钩吾之山】

有兽焉，其状如羊身人面，其目在腋下，虎齿人爪，其音如婴儿，名曰狍鸮，是食人。

一说狍鸮即饕餮。

【北嚻之山】

有兽焉，其状如虎，而白身犬首，马尾彘鬣，名曰独狢。

狢：音谷。

鵥鹛

【北嚻之山】

有鸟焉，其状如乌，人面，名曰鵥鹛，宵飞而昼伏，食之已暍。

鵥鹛：音般冒。

暍：音耶；中暑。

居暨

【梁渠之山】

脩水出焉，而东流注于雁门，其兽多居暨，其状如彙而赤毛，其音如豚。

彙：音汇，刺猬。

【梁渠之山】

有鸟焉，其状如夸父，四翼、一目、犬尾，名曰嚻，其音如鹊，食之已腹痛，可以止衕。

衕：音洞；腹泻。

凡北次二经之首，自管涔之山至于敦题之山，凡十七山，五千六百九十里。其神皆蛇身人面。其祠：毛用一雄鸡、彘瘗；用一璧一珪，投而不糈。

## 蛇身人面神

【太行之山】

有兽焉，其状如麢羊而四角，马尾而有距，其名曰䮝，善还，其名自训。

䮝：音魂。

还：音旋；盘旋而舞。

𬸣

【太行之山】

有鸟焉，其状如鹊，白身、赤尾、六足，其名曰𬸣，是善惊，其鸣自叫。

𬸣：音奔。

善惊：容易惊觉，警惕性高。

【龙侯之山】

決決之水出焉，而东流注于河。其中多人鱼，其状如鯑鱼，四足，其音如婴儿，食之无痴疾。

鯑：音蹄。

【马成之山】
有兽焉，其状如白犬而黑头，见人则飞，其名曰天马，其鸣自训。

【马成之山】

有鸟焉，其状如乌，首白而身青、足黄，是名曰鶌鶋，其鸣自詨，食之不饥，可以已寓。

鶌鶋：音屈居。
寓：健忘症。

【天池之山】

有兽焉，其状如兔而鼠首，以其背飞，其名曰飞鼠。

【阳山】

有兽焉，其状如牛而赤尾，其颈腎，其状如句瞿，其名曰领胡，其鸣自诐，食之已狂。

腎：音甚，肉瘤。
句：音沟。
诐：通叫。

## 象蛇

【阳山】

有鸟焉，其状如赤雉，而五采以文，是自为牝牡，名曰象蛇，其名自詨。

鮨父鱼

【阳山】留水出焉，而南流注于河。其中有鮨父之鱼，其状如鲋鱼，鱼首而彘身，食之已呕。

【景山】

有鸟焉，其状如蛇，而四翼、六目、三足，名曰酸与，其鸣自詨，见则其邑有恐。

酸与

鸪鸖

【小侯之山】

有鸟焉，其状如乌而白文，名曰鸪鸖，食之不灂。

鸪鸖：音姑习。

灂：音叫，眼睛昏蒙。

【轩辕之山】

有鸟焉，其状如枭而白首，其名曰黄鸟，其鸣自詨，食之不妒。

黄鸟

# 精卫

【发鸠之山】有鸟焉，其状如乌，文首、白喙、赤足，名曰精卫，其鸣自诶。是炎帝之少女名曰女娃，女娃游于东海，溺而不返，故为精卫。常衔西山之木石，以堙于东海。

堙：音因；堵塞。

【泰戏之山】有兽焉，其状如羊，一角一目，目在耳后，其名曰㔶㔶，其鸣自训。

㔶：音栋。

【乾山】

有兽焉，其状如牛而三足，其名曰獂，其鸣自詨。

獂：音环。

䝙原

【伦山】
有兽焉，其状如麋，其川在尾上，其名曰罴九。

川：肛门。

【毋逢之山】

西望幽都之山，浴水出焉。是有大蛇，赤首白身，其音如牛，见则其邑大旱。

凡北次三经之首，自太行之山以至于毋逢之山，凡四十六山，万二千三百五十里。其神状皆马身而人面者廿神。其祠之，皆用一藻珪瘗之。

# 彘身载玉神

其十四神状皆彘身而载玉。其祠之，皆玉，不瘗。

彘身蛇尾神

其十神状皆彘身而八足蛇尾。其祠之，皆用一璧瘗之。大凡四十四神，皆用稌糈米祠之。此皆不火食。

# 北山经

## 原文

北山经之首，曰单狐之山，多机木，其上多华草。逢[1]水出焉，而西流注于泑水，其中多茈石、文石。

又北二百五十里，曰求如之山，其上多铜，其下多玉，无草木。滑水出焉，而西流注于诸毗之水。其中多滑鱼，其状如鳝[2]，赤背，其音如梧[3]，食之已疣。其中多水马，其状如马，文臂牛尾，其音如呼。

又北三百里，曰带山，其上多玉，其下多青碧。有兽焉，其状如马，一角有错[4]，其名曰臛[5]疏，可以辟火。有鸟焉，其状如乌，五采而赤文，名曰鵸䳜，是自为牝牡，食之不疽[6]。彭水出焉，而西流注于芘湖之水，其中多儵[7]鱼，其状如鸡而赤毛，三尾、六足、四首，其音如鹊，食之可以已忧。

又北四百里，曰谯明之山。谯水出焉，西流注于河。其中多何罗之鱼，一首而十身，其音如吠犬，食之已痈。有兽焉，其状如貆[8]而赤毫，其音如榴榴，名曰孟槐，可以御凶。是山也，无草木，多青雄黄。

又北三百五十里，曰涿光之山。嚣水出焉，而西流注于河。其中多鳛鳛[9]之鱼，其状如鹊而十翼，鳞皆在羽端，其音如鹊，可以御火，食之不瘅。其上多松、柏，其下多棕、橿，其兽多麢羊，其鸟多蕃。

又北三百八十里，曰虢[10]山，其上多漆[11]，其下多桐、椐。其阳多玉，其阴多铁。伊水出焉，西流注于河。其兽多橐驼[12]，其鸟多寓，状如鼠而鸟翼，其音如羊，可以御兵。

又北四百里，至于虢山之尾，其上多玉而无石。鱼水出焉，西流注于河，其中多文贝。

又北二百里，曰丹熏之山，其上多樗、柏，其草多韭、䪥[13]，多丹雘。熏水出焉，而西流注于棠水。有兽焉，其状如鼠，而菟[14]首麋身，其音如獆犬，以其尾飞，名曰耳鼠，食之不脎[15]，又可以御百毒。

〔1〕逢：音逢。
〔2〕鳝：音善；鳝鱼。
〔3〕梧：琴瑟。
〔4〕错：通厝；磨刀石。
〔5〕臛：音欢。
〔6〕疽：音居；痈疽、毒疮。
〔7〕儵：音由。
〔8〕貆：音环；豪猪。
〔9〕鳛：音习。
〔10〕虢：音国。
〔11〕漆：漆树。
〔12〕橐驼：骆驼。
〔13〕䪥：音谢，同薤；鸿荟，一种野菜。
〔14〕菟：通兔。
〔15〕脎：音采；腹胀病。

又北二百八十里，曰石者之山，其上无草木，多瑶、碧。泚水出焉，西流注于河。有兽焉，其状如豹，而文题[16]白身，名曰孟极，是善伏[17]，其鸣自呼。

又北百一十里，曰边春之山，多葱、葵、韭、桃、李。杠水出焉，而西流注于泑泽。有兽焉，其状如禺而文身，善笑，见人则卧，名曰幽鴳[18]，其鸣自呼。

又北二百里，曰蔓联之山，其上无草木。有兽焉，其状如禺而有鬣，牛尾、文臂、马蹄，见人则呼，名曰足訾[19]，其鸣自呼。有鸟焉，群居而朋[20]飞，其毛如雌雉，名曰䴔[21]，其鸣自呼，食之已风。

又北百八十里，曰单张之山，其上无草木。有兽焉，其状如豹而长尾，人首而牛耳，一目，名曰诸犍，善吒[22]，行则衔其尾，居[23]则蟠[24]其尾。有鸟焉，其状如雉，而文首、白翼、黄足，名曰白鵺[25]，食之已嗌[26]痛，可以已痸[27]。栎水出焉，在而南流注于杠水。

又北三百二十里，曰灌题之山，其上多樗、柘，其下多流沙，多砥。有兽焉，其状如牛而白尾，其音如训[28]，名曰那父。有鸟焉，其状如雌雉而人面，见人则跃，名曰竦斯，其鸣自呼也。匠韩之水出焉，而西流注于泑泽，其中多磁石。

又北二百里，曰潘侯之山，其上多松、柏，其下多榛、楛，其阳多玉，其阴多铁。有兽焉，其状如牛，而四节生毛，或曰旄牛。边水出焉，而南流注于栎泽。

又北二百三十里，曰小咸之山，无草木，冬夏有雪。

北二百八十里，曰大咸之山，无草木，其下多玉。是山也，四方，不可以上。有蛇名曰长蛇，其毛如彘豪，其音如鼓柝[29]。

又北三百二十里，曰敦薨[30]之山，其上多棕、枏，其下多茈草。敦薨之水出焉，而西流注于泑泽。出于昆仑之东北隅，实惟河原。其中多赤鲑，其兽多兕、旄牛，其鸟多尸鸠。

又北二百里，曰少咸之山，无草木，多青碧。有兽焉，其状如牛，而赤身、人面、马足，名曰窫窳[31]，其音如婴儿，是食

〔16〕题：额头。
〔17〕善伏：善于隐藏。
〔18〕鴳：音燕。
〔19〕訾：音资。
〔20〕朋：成群结队。
〔21〕䴔：音交。
〔22〕吒：吼叫。
〔23〕居：睡觉。
〔24〕蟠：盘曲。
〔25〕鵺：音夜。
〔26〕嗌：音益；咽喉。
〔27〕痸：音赤；癫狂病。
〔28〕训：音叫；呼叫。
〔29〕柝：音拓；古时巡夜敲击报更的木梆。
〔30〕薨：音轰。
〔31〕窫窳：音亚语。

人。敦水出焉，东流注于雁门之水，其中多鲱鲱[32]之鱼，食之杀人。

又北二百里，曰狱法之山。瀤[33]泽之水出焉，而东北流注于泰泽。其中多鱢[34]鱼，其状如鲤而鸡足，食之已疣。有兽焉，其状如犬而人面，善投，见人则笑，其名山𤟤[35]，其行如风，见则天下大风。

又北二百里，曰北岳之山，多枳、棘、刚木。有兽焉，其状如牛，而四角、人目、彘耳，其名曰诸怀，其音如鸣雁，是食人。诸怀之水出焉，而西流注于嚻水，水中多鮨[36]鱼，鱼身而犬首，其音如婴儿，食之已狂。

又北百八十里，曰浑夕之山，无草木，多铜、玉。嚻水出焉，而西北流注于海。有蛇一首两身，名曰肥遗，见则其国大旱。

又北五十里，曰北单之山，无草木，多葱、韭。

又北百里，曰罴差之山，无草木，多马。

又北百八十里，曰北鲜之山，是多马。鲜水出焉，而西北流注于涂吾之水。

又北百七十里，曰隄[37]山，多马。有兽焉，其状如豹而文首，名曰狕[38]。隄水出焉，而东流注于泰泽，其中多龙龟。

凡北山经之首，自单狐之山至于隄山，凡二十五山，五千四百九十里，其神皆人面蛇身。其祠之，毛用一雄鸡彘瘗，吉玉用一珪，瘗而不糈。其山北人，皆生食不火之物。

〔32〕鲱：音佩。
〔33〕瀤：音怀。
〔34〕鱢：音早。
〔35〕𤟤：音辉。
〔36〕鮨：音义。
〔37〕隄：音低。
〔38〕狕：音咬。

北次二经之首，在河之东，其首枕汾[1]，其名曰管涔[2]之山。其上无木而多草，其下多玉。汾水出焉，而西流注于河。

又西二百五十里，曰少阳之山，其上多玉，其下多赤银。酸水出焉，而东流注于汾水，其中多美赭。

又北五十里，曰县雍之山，其上多玉，其下多铜，其兽多闾[3]、麋，其鸟多白翟、白鹌[4]。晋水出焉，而东南流注于汾水。其中多鮆[5]鱼，其状如儵而赤麟，其音如叱[6]，食之不骄。

又北二百里，曰狐岐之山，无草木，多青碧。胜水出焉，而东北流注于汾水，其中多苍玉。

又北三百五十里，曰白沙山，广员三百里，尽沙也，无草木

〔1〕其首枕汾：山的头部枕着汾水。
〔2〕涔：音岑。
〔3〕闾：音驴；山驴。
〔4〕鹌：音有。
〔5〕鮆：音咨。
〔6〕叱：呵斥。

鸟兽。鲔[7]水出于其上，潜于其下，是多白玉。

又北四百里，曰尔是之山，无草木，无水。

又北三百八十里，曰狂山，无草木。是山也，冬夏有雪。狂水出焉，而西流注于浮水，其中多美玉。

又北三百八十里，曰诸余之山，其上多铜、玉，其下多松、柏。诸余之水出焉，而东流注于旄水。

又北三百五十里，曰敦头之山，其上多金、玉，无草木。旄水出焉，而东流注于印泽。其中多騂[8]马，牛尾而白身，一角，其音如呼。

又北三百五十里，曰钩吾之山，其上多玉，其下多铜。有兽焉，其状如羊身人面，其目在腋下，虎齿人爪，其音如婴儿，名曰狍鸮[9]，是食人。

北三百里，曰北嚻之山，无石，其阳多玉。有兽焉，其状如虎，而白身犬首，马尾彘鬣，名曰独狢[10]。有鸟焉，其状如乌，人面，名曰鷩鶋[11]，宵飞而昼伏，食之已暍[12]。涔水出焉，而东流注于邛[13]泽。

又北三百五十里，曰梁渠之山，无草木，多金玉。脩[14]水出焉，而东流注于雁门，其兽多居暨，其状如彙[15]而赤毛，其音如豚[16]。有鸟焉，其状如夸父，四翼、一目、犬尾，名曰嚻，其音如鹊，食之已腹痛，可以止衕[17]。

又北四百里，曰姑灌之山，无草木。是山也，冬夏有雪。

又北三百八十里，曰湖灌之山，其阳多玉，其阴多碧，多马。湖灌之水出焉，而东流注于海，其中多䱇[18]。有木焉，其叶如柳而赤理。

又北水行五百里，流沙三百里，至于洹[19]山，其上多金、玉。三桑生之，其树皆无枝，其高百仞。百果树生之。其下多怪蛇。

又北三百里，曰敦题之山，无草木，多金、玉。是錞于北海。

凡北次二经之首，自管涔之山至于敦题之山，凡十七山，五千六百九十里。其神皆蛇身人面。其祠：毛用一雄鸡、彘瘗；

〔7〕鲔：音伟。
〔8〕騂：音勃。
〔9〕狍鸮：一说狍鸮即饕餮。
〔10〕狢：音谷。
〔11〕鷩鶋：音般冒。
〔12〕暍：音耶；中暑。
〔13〕邛：音琼。
〔14〕脩：音修。
〔15〕彙：音汇；刺猬。
〔16〕豚：小猪。
〔17〕衕：音洞；腹泻。
〔18〕䱇：音善；鳝鱼。
〔19〕洹：音环。

用一璧一珪，投而不糈。

北次三经之首，曰太行之山。其首曰归山，其上有金玉，其下有碧。有兽焉，其状如麢羊而四角，马尾而有距，其名曰𩣡[1]，善还[2]，其名自訆。有鸟焉，其状如鹊，白身、赤尾、六足，其名曰鷾[3]，是善惊[4]，其鸣自叫。

又东北二百里，曰龙侯之山，无草木，多金、玉。決決[5]之水出焉，而东流注于河。其中多人鱼，其状如䱱[6]鱼，四足，其音如婴儿，食之无痴疾。

又东北二百里，曰马成之山，其上多文石，其阴多金、玉。有兽焉，其状如白犬而黑头，见人则飞，其名曰天马，其鸣自訆。有鸟焉，其状如乌，首白而身青、足黄，是名曰鶌鶋[7]，其鸣自訆，食之不饥，可以已寓[8]。

又东北七十里，曰咸山，其上有玉，其下多铜，是多松、柏，草多茈草。条菅[9]之水出焉，而西南流注于长泽。其中多器酸[10]，三岁一成，食之已疠。

又东北二百里，曰天池之山，其上无草木，多文石。有兽焉，其状如兔而鼠首，以其背飞，其名曰飞鼠。渑[11]水出焉，潜于其下，其中多黄垩。

又东三百里，曰阳山，其上多玉，其下多金、铜。有兽焉，其状如牛而赤尾，其颈腎[12]，其状如句[13]瞿，其名曰领胡，其鸣自詨[14]，食之已狂。有鸟焉，其状如赤雉，而五采以文，是自为牝牡，名曰象蛇，其名自詨。留水出焉，而南流注于河。其中有䱗[15]父之鱼，其状如鲋鱼，鱼首而彘身，食之已呕。

又东三百五十里，曰贲闻之山，其上多苍玉，其下多黄垩，多涅石。

又北百里，曰王屋之山，是多石。𣲖[16]水出焉，而西北流注于泰泽。

又东北三百里，曰教山，其上多玉而无石。教水出焉，西流注于河，是水冬干而夏流，实惟干河。其中有两山。是山也，广员三百步，其名曰发丸之山，其上有金、玉。

〔1〕𩣡：音魂。
〔2〕还：音旋；盘旋而舞。
〔3〕鷾：音奔。
〔4〕善惊：容易惊觉，警惕性高。
〔5〕決：音决。
〔6〕䱱：音蹄。
〔7〕鶌鶋：音屈居。
〔8〕寓：健忘症。
〔9〕菅：音尖。
〔10〕器酸：一种酸味食物。
〔11〕渑：音绳。
〔12〕腎：音甚；肉瘤。
〔13〕句：音沟。
〔14〕詨：通叫。
〔15〕䱗：音陷。
〔16〕𣲖：音联。

又南三百里，曰景山，南望盐贩之泽，北望少泽。其上多草、藷藇[17]，其草多秦椒[18]，其阴多赭，其阳多玉。有鸟焉，其状如蛇，而四翼、六目、三足，名曰酸与，其鸣自詨，见则其邑有恐。

又东南三百二十里，曰孟门之山，其上多苍玉，多金，其下多黄垩，多涅石。

又东南三百二十里，曰平山。平水出于其上，潜于其下，是多美玉。

又东二百里，曰京山，有美玉，多漆木，多竹，其阳有赤铜，其阴有玄磗[19]。高水出焉，南流注于河。

又东二百里，曰虫尾之山，其上多金、玉，其下多竹，多青碧。丹水出焉，南流注于河。薄水出焉，而东南流注于黄泽。

又东三百里，曰彭𣚪之山，其上无草木，多金、玉，其下多水。蚤林之水出焉，东南流注于河。肥水出焉，而南流注于床水，其中多肥遗之蛇。

又东百八十里，曰小侯之山。明漳之水出焉，南流注于黄泽。有鸟焉，其状如乌而白文，名曰鸪鹨[20]，食之不灂[21]。

又东三百七十里，曰泰头之山。共[22]水出焉，南流注于虖池[23]。其上多金、玉，其下多竹、箭。

又东北二百里，曰轩辕之山，其上多铜，其下多竹。有鸟焉，其状如枭而白首，其名曰黄鸟，其鸣自詨，食之不妒。

又北二百里，曰谒戾之山，其上多松、柏，有金、玉。沁水出焉，南流注于河。其东有林焉，名曰丹林。丹林之水出焉，南流注于河。婴侯之水出焉，北流注于汜水。

东三百里，曰沮洳之山，无草木，有金玉。濝[24]水出焉，南流注于河。

又北三百里，曰神囷之山，其上有文石，其下有白蛇，有飞虫。黄水出焉，而东流注于洹；滏水出焉，而东流注于欧水。

又北二百里，曰发鸠之山，其上多柘[25]木。有鸟焉，其状如乌，文首、白喙、赤足，名曰精卫，其鸣自詨。是炎帝之少女名曰女娃，女娃游于东海，溺而不返，故为精卫。常衔西山之木石，以堙[26]于东海。漳水出焉，东流注于河。

〔17〕藷藇：音薯豫；山药。
〔18〕秦椒：花椒。
〔19〕玄磗：磗，音肃；黑色砥石（磨刀石）。
〔20〕鸪鹨：音姑习。
〔21〕灂：音叫；眼睛昏蒙。
〔22〕共：音工。
〔23〕虖池：音呼沱。
〔24〕濝：音其。
〔25〕柘木：柘，音这；桑树。
〔26〕堙：音因；堵塞。

又东北百二十里，曰少山，其上有金、玉，其下有铜。清漳之水出焉，东流注于浊漳之水。

又东北二百里，曰锡山，其上多玉，其下有砥。牛首之水出焉，而东流注于滏水。

又北二百里，曰景山，有美玉。景水出焉，东南流注于海泽。

又北百里，曰题首之山，有玉焉，多石，无水。

又北百里，曰绣山，其上有玉、青碧，其木多栒，其草多芍药、芎䓖。洧[27]水出焉，而东流注于河，其中有鳠[28]、黾[29]。

又北百二十里，曰松山。阳水出焉，东北流注于河。

又北百二十里，曰敦与之山，其上无草木，有金玉。溹[30]水出于其阳，而东流注于泰陆之水；泜[31]水出于其阴，而东流注于彭水；槐水出焉，而东流注于泜泽。

又北百七十里，曰柘山，其阳有金、玉，其阴有铁。历聚之水出焉，而北流注于洧水。

又北二百里，曰维龙之山，其上有碧玉，其阳有金，其阴有铁。肥水出焉，而东流注于皋泽，其中多礨[32]石。敞铁之水出焉，而北流注于大泽。

又北百八十里，曰白马之山，其阳多石、玉，其阴多铁，多赤铜。木马之水出焉，而东北流注于虖沱。

又北二百里，曰空桑之山，无草木，冬夏有雪。空桑之水出焉，东流注于虖沱。

又北三百里，曰泰戏之山，无草木，多金、玉。有兽焉，其状如羊，一角一目，目在耳后，其名曰辣辣[33]，其鸣自训。虖沱之水出焉，而东流注于溇[34]水。液女之水出于其阳，南流注于沁水。

又北三百里，曰石山，多藏金、玉。濩濩[35]之水出焉，而东流注于虖沱；鲜于之水出焉，而南流注于虖沱。

又北二百里，曰童戎之山。皋涂之水出焉，而东流注于溇液水。

又北三百里，曰高是之山。滋水出焉，而南流注于虖沱。其

〔27〕洧：音伟。
〔28〕鳠：音护；类似鲇鱼。
〔29〕黾：音敏；蛙类动物，青色。
〔30〕溹：音索。
〔31〕泜：音支。
〔32〕礨石：礨，音磊；大石。
〔33〕辣：音栋。
〔34〕溇：音楼。
〔35〕濩：音或。

木多棕，其草多条。滱[36]水出焉，东流注于河。

又北三百里，曰陆山，多美玉。𨛭[37]水出焉，而东流注于河。

又北二百里，曰沂[38]山。般[39]水出焉，而东流注于河。

北百二十里，曰燕山，多婴石[40]。燕水出焉，东流注于河。

又北山行五百里，水行五百里，至于饶山。是无草木，多瑶、碧，其兽多橐驰[41]，其鸟多鹠[42]。历虢之水出焉，而东流注于河，其中有师鱼，食之杀人。

又北四百里，曰乾[43]山，无草木，其阳有金玉，其阴有铁而无水。有兽焉，其状如牛而三足，其名曰獂[44]，其鸣自詨。

又北五百里，曰伦山。伦水出焉，而东流注于河。有兽焉，其状如麋，其川[45]在尾上，其名曰罴九。

又北五百里，曰碣石之山。绳水出焉，而东流注于河，其中多蒲夷之鱼。其上有玉，其下多青碧。

又北水行五百里，至于雁门之山，无草木。

又北水行四百里，至于泰泽。其中有山焉，曰帝都之山，广员百里，无草木，有金、玉。

又北五百里，曰錞于毋逢之山，北望鸡号之山，其风如飈[46]。西望幽都之山，浴水出焉。是有大蛇，赤首白身，其音如牛，见则其邑大旱。

凡北次三经之首，自太行之山以至于毋逢之山，凡四十六山，万二千三百五十里。其神状皆马身而人面者廿神。其祠之，皆用一藻珪瘗之。其十四神状皆彘身而载玉[47]。其祠之，皆玉，不瘗。其十神状皆彘身而八足蛇尾。其祠之，皆用一璧瘗之。大凡四十四神，皆用稌糈米祠之。此皆不火食。

右北经之山志，凡八十七山，二万三千二百三十里。

〔36〕滱：音寇。
〔37〕𨛭：音姜。
〔38〕沂：音宜。
〔39〕般：音盘。
〔40〕婴石：美石，似玉。
〔41〕橐驰：音驼驼；骆驼。
〔42〕鹠：音留；鸺鹠。
〔43〕乾：音干。
〔44〕獂：音环。
〔45〕川：肛门。
〔46〕飈：音力；风急速貌。
〔47〕载玉：戴玉。

# 卷四

# 东山经

鳙鳙鱼

【樕𧑒之山】

食水出焉，而东北流注于海。其中多鳙鳙之鱼，其状如犁牛，其音如彘鸣。

樕𧑒：音速朱。

【栒状之山】
有兽焉，其状如犬，六足，其名曰从从，其鸣自詨。

# 𪀁鼠

【栒状之山】

有鸟焉，其状如鸡而鼠毛，其名曰𪀁鼠，见则其邑大旱。

𪀁：音咨。

箴鱼

【栒状之山】
溴水出焉。而北流注于湖水。其中多箴鱼，其状如儵，其喙如箴，食之无疫疾。

## 无名兽

【犲山】

有兽焉，其状如夸父而彘毛，其音如呼，见则天下大水。

## 偹鳙

【独山】

末涂之水出焉，而东流注于沔，其中多偹鳙，其状如黄蛇，鱼翼，出入有光，见则其邑大旱。

偹鳙：音条容。

【泰山】

有兽焉，其状如豚而有珠，名曰狪狪，其鸣自叫。

狪：音同。

凡东山经之首，自樕螽之山以至于竹山，凡十二山，三千六百里。其神状皆人身龙首。祠：毛用一犬祈，衈用鱼。

# 人身龙首神

【空桑之山】

有兽焉，其状如牛而虎文，其音如钦。其名曰軨軨，其鸣自叫，见则天下大水。

軨：音灵。

軨軨

【葛山之首】

澧水出焉，东流注于余泽，其中多珠蟞鱼，其状如肺而有目，六足有珠，其味酸甘，食之无疠。

澧：音礼。
蟞：通鳖。

犰狳

【余峩之山】

有兽焉，其状如菟而鸟喙，鸱目蛇尾，见人则眠，名犰狳，其鸣自训，见则螽蝗为败。

犰狳：音求余。
螽：音终，蝗虫。

朱獳

【耿山】

有兽焉，其状如狐而鱼翼，其名曰朱獳，其鸣自训，见则其国有恐。

獳：音儒。

# 鵹鶘

【卢其之山】

沙水出焉，南流注于涔水，其中多鵹鶘，其状如鸳鸯而人足，其鸣自訆，见则其国多土功。

# 獙獙

【姑逢之山】有兽焉，其状如狐而有翼，其音如鸿雁，其名曰獙獙，见则天下大旱。

獙：音必。

# 蛩蛭

【凫丽之山】

有兽焉，其状如狐，而九尾、九首、虎爪，名曰蛩蛭，其音如婴儿，是食人。

蛩蛭：音龙至。

【硜山】

南临硜水，东望湖泽，有兽焉，其状如马，而羊目、四角、牛尾，其音如獆狗，其名曰峳峳。见则其国多狡客。

硜：音真。
峳：音由。
狡：狡猾。

【䃌山】
有鸟焉，其状如凫而鼠尾，善登木，其名曰絜钩，见则其国多疫。

# 兽身人面神

凡东次二经之首，自空桑之山至于䃌山，凡十七山，六千六百四十里。其神状皆兽身人面载觡。其祠：毛用一鸡祈，婴用一璧瘗。

觡：音格；麋鹿角。

【尸胡之山】

有兽焉，其状如麋而鱼目，名曰妴胡，其鸣自訆。

妴：音婉。

鲔

【孟子之山】

其上有水出焉，名曰碧阳，其中多鳣、鲔。

鲔：音伟。

# 鮯鮯鱼

【跂踵之山】

有水焉，广员四十里皆涌，其名曰深泽，其中多蠵龟。有鱼焉，其状如鲤，而六足鸟尾，名曰鮯鮯之鱼，其名自叫。

蠵：音西。
跂踵：音企肿。

【踇隅之山】

有兽焉，其状如牛而马尾，名曰精精，其鸣自叫。

踇隅：音母与。

凡东次三经之首，自尸胡之山至于无皋之山，凡九山，六千九百里。其神状皆人身而羊角。其祠：用一牡羊，米用黍。是神也，见则风雨水为败。

【北号之山】

有兽焉，其状如狼，赤首鼠目，其音如豚，名曰獦狚，是食人。

獦狚：音革旦。

【北号之山】
有鸟焉，其状如鸡而白首，鼠足而虎爪，其名曰䲃雀，亦食人。

䲃：音齐。

【旄山】

苍体之水出焉，而西流注于展水，其中多鳋鱼，其状如鲤而大首，食者不疣。

鳋：音秋。

【东始之山】

泚水出焉，而东北流注于海，其中多美贝，多茈鱼，其状如鲋，一首而十身，其臭如蘪芜，食之不糟。

臭：音秀，气味。
糟：通屁。

【女烝之山】

石膏水出焉，而西流注于鬲水，其中多薄鱼，其状如鳣鱼而一目，其音如欧，见则天下大旱。

欧：通呕，呕吐。

## 薄鱼

【钦山】

有兽焉，其状如豚而有牙，其名曰当康，其鸣自叫，见则天下大穰。

【子桐之山】

子桐之水出焉，而西流注于余如之泽。其中多鳛鱼，其状如鱼而鸟翼，出入有光，其音如鸳鸯，见则天下大旱。

【剡山】

有兽焉，其状如彘而人面，黄身而赤尾，其名曰合窳，其音如婴儿。是兽也，食人，亦食虫蛇，见则天下大水。

蜚

【太山】

有兽焉，其状如牛而白首，一目而蛇尾，其名曰蜚，行水则竭，行草则死，见则天下大疫。

# 东山经

## 原文

东山经之首，曰樕螽[1]之山，北临乾昧[2]。食水出焉，而东北流注于海。其中多鳙鳙[3]之鱼，其状如犁牛，其音如彘鸣。

又南三百里，曰藟[4]山，其上有玉，其下有金。湖水出焉，东流注于食水，其中多活师[5]。

又南三百里，曰栒状之山，其上多金、玉，其下多青碧石。有兽焉，其状如犬，六足，其名曰从从，其鸣自詨。有鸟焉，其状如鸡而鼠毛，其名曰蚩[6]鼠，见则其邑大旱。沢[7]水出焉。而北流注于湖水。其中多箴鱼，其状如儵[8]，其喙如箴，食之无疫疾。

又南三百里，曰勃亝[9]之山，无草木，无水。

又南三百里，曰番条之山，无草木，多沙。减[10]水出焉，北流注于海，其中多鳡[11]鱼。

又南四百里，曰姑儿之山，其上多漆，其下多桑柘。姑儿之水出焉，北流注于海，其中多鳡鱼。

又南四百里，曰高氏之山，其上多玉，其下多箴石。诸绳之水出焉，东流注于泽，其中多金、玉。

又南三百里，曰岳山，其上多桑，其下多樗。泺[12]水出焉，东流注于泽，其中多金、玉。

又南三百里，曰犲[13]山，其上无草木，其下多水，其中多堪孖[14]之鱼。有兽焉，其状如夸父而彘毛，其音如呼，见则天下大水。

又南三百里，曰独山，其上多金、玉，其下多美石。末涂之水出焉，而东流注于沔，其中多偹蛹[15]，其状如黄蛇，鱼翼，出入有光，见则其邑大旱。

又南三百里，曰泰山，其上多玉，其下多金。有兽焉，其状如豚而有珠，名曰狪狪[16]，其鸣自叫。环水出焉，东流注于江，其中多水玉。

又南三百里，曰竹山，錞于江，无草木，多瑶、碧。激水出焉，而东流注于娶檀之水，其中多茈羸。

〔1〕樕螽：音速朱。
〔2〕乾昧：音干妹；山名。
〔3〕鳙：音庸。
〔4〕藟：音磊。
〔5〕活师：蝌蚪。
〔6〕蚩：音咨。
〔7〕沢：音纸。
〔8〕儵：通偹，音条。
〔9〕亝：音齐。
〔10〕减：通减。
〔11〕鳡：音感。
〔12〕泺：音落。
〔13〕犲：通豺，音柴。
〔14〕孖：音续。
〔15〕偹蛹：音条容。
〔16〕狪：音同。

凡东山经之首，自樕䗜之山以至于竹山，凡十二山，三千六百里。其神状皆人身龙首。祠：毛用一犬祈，衈[17]用鱼。

〔17〕衈：音耳；祭祀前杀牲取血来涂祭器。

东次二经之首，曰空桑之山，北临食水，东望沮吴，南望沙陵，西望涽[1]泽。有兽焉，其状如牛而虎文，其音如钦[2]。其名曰軨軨[3]，其鸣自叫，见则天下大水。

又南六百里，曰曹夕之山，其下多榖，而无水，多鸟兽。

又西南四百里，曰峄[4]皋之山，其上多金、玉，其下多白垩。峄皋之水出焉，东流注于激女[5]之水，其中多蜃珧[6]。

又南水行五百里，流沙三百里，至于葛山之尾，无草木，多砥、砺。

又南三百八十里，曰葛山之首，无草木。澧[7]水出焉，东流注于余泽，其中多珠蟞[8]鱼，其状如肺而有目，六足有珠，其味酸甘，食之无疠。

又南三百八十里，曰余峩之山。其上多梓、枏，其下多荆、芑[9]。杂余之水出焉，东流注于黄水。有兽焉，其状如菟而鸟喙，鸱目蛇尾，见人则眠[10]，名犰狳[11]，其鸣自訆，见则螽[12]蝗为败[13]。

又南三百里，曰杜父之山，无草木，多水。

又南三百里，曰耿山，无草木，多水碧[14]，多大蛇。有兽焉，其状如狐而鱼翼，其名曰朱獳[15]，其鸣自訆，见则其国有恐。

又南三百里，曰卢其之山，无草木，多沙、石。沙水出焉，南流注于涔水，其中多鵹鹕[16]，其状如鸳鸯而人足，其鸣自訆，见则其国多土功。

〔1〕涽：音敏。
〔2〕钦：通吟。
〔3〕軨：音灵。
〔4〕峄：音亦。
〔5〕女：通汝。
〔6〕蜃珧：音甚摇；蚌蛤之类的软体动物。
〔7〕澧：音礼。
〔8〕蟞：通鳖。
〔9〕芑：通杞。
〔10〕眠：假死、装死。
〔11〕犰狳：音求余。
〔12〕螽：音终；蝗虫。
〔13〕败：危害庄稼。
〔14〕水碧：一种水玉。
〔15〕獳：音儒。
〔16〕鵹鹕：鵹，音黎；鹈鹕。

又南三百八十里，曰姑射之山，无草木，多水。

又南水行三百里，流沙百里，曰北姑射之山，无草木，多石。

又南三百里，曰南姑射之山，无草木，多水。

又南三百里，曰碧山，无草木，多大蛇，多碧、水玉。

又南五百里，曰缑[17]氏之山，无草木，多金玉。原水出焉，东流注于沙泽。

又南三百里，曰姑逢之山，无草木，多金玉。有兽焉，其状如狐而有翼，其音如鸿雁，其名曰獙獙[18]，见则天下大旱。

又南五百里，曰凫丽之山，其上多金、玉，其下多箴石。有兽焉，其状如狐，而九尾、九首、虎爪，名曰蠪蛭[19]，其音如婴儿，是食人。

又南五百里，曰䃰[20]山，南临䃰水，东望湖泽，有兽焉，其状如马，而羊目、四角、牛尾，其音如獆狗，其名曰峳峳[21]。见则其国多狡[22]客。有鸟焉，其状如凫而鼠尾，善登木，其名曰絜钩，见则其国多疫。

凡东次二经之首，自空桑之山至于䃰山，凡十七山，六千六百四十里。其神状皆兽身人面载觡[23]。其祠：毛用一鸡祈，婴用一璧瘗。

〔17〕缑：音钩。
〔18〕獙：音必。
〔19〕蠪蛭：音龙至。
〔20〕䃰：音真。
〔21〕峳：音由。
〔22〕狡：狡猾。
〔23〕觡：音格；麋鹿角。

东次三经之首，曰尸胡之山，北望𡺳[1]山，其上多金、玉，其下多棘。有兽焉，其状如麋而鱼目，名曰妴[2]胡，其鸣自讠山。

又南水行八百里，曰岐山，其木多桃、李，其兽多虎。

又南水行七百里，曰诸钩之山，无草木，多沙、石。是山也，广员百里，多寐鱼[3]。

又南水行七百里，曰中父之山，无草木，多沙。

又东水行千里，曰胡射之山，无草木，多沙、石。

又南水行七百里，曰孟子之山，其木多梓、桐，多桃、李，其草多菌蒲[4]，其兽多麋鹿。是山也，广员百里。其上有水出焉，名曰碧阳，其中多鳣、鲔。

又南水行五百里，曰流沙，行五百里，有山焉，曰跂踵[5]之

〔1〕𡺳：音详。
〔2〕妴：音婉。
〔3〕寐鱼：鮇（音味）鱼。
〔4〕菌蒲：野菜。
〔5〕跂踵：音企肿。

山，广员二百里，无草木，有大蛇，其上多玉。有水焉，广员四十里皆涌，其名曰深泽，其中多蠵[6]龟。有鱼焉，其状如鲤，而六足鸟尾，名曰鲐鲐[7]之鱼，其名自叫。

〔6〕蠵：音西。
〔7〕鲐：音革。
〔8〕踇隅：音母与。
〔9〕榑木：榑，音扶；扶桑。

又南水行九百里，曰踇隅[8]之山，其上多草木，多金、玉，多赭。有兽焉，其状如牛而马尾，名曰精精，其鸣自叫。

又南水行五百里，流沙三百里，至于无皋之山，南望幼海，东望榑木[9]，无草木，多风。是山也，广员百里。

凡东次三经之首，自尸胡之山至于无皋之山，凡九山，六千九百里。其神状皆人身而羊角。其祠：用一牡羊，糈用黍。是神也，见则风雨水为败。

东次四经之首，曰北号之山，临于北海。有木焉，其状如杨，赤华，其实如枣而无核，其味酸甘，食之不疟。食水出焉，而东北流注于海。有兽焉，其状如狼，赤首鼠目，其音如豚，名曰猲狚[1]，是食人。有鸟焉，其状如鸡而白首，鼠足而虎爪，其名曰鬿[2]雀，亦食人。

又南三百里，曰旄山，无草木。苍体之水出焉，而西流注于展水，其中多鱃鱼[3]，其状如鲤而大首，食者不疣[4]。

又南三百二十里，曰东始之山，上多苍玉。有木焉，其状如杨而赤理，其汁如血，不实，其名曰芑，可以服马[5]。泚水出焉，而东北流注于海，其中多美贝，多茈鱼，其状如鲋，一首而十身，其臭[6]如蘪芜，食之不糟[7]。

〔1〕猲狚：音革旦。
〔2〕鬿：音齐。
〔3〕鱃鱼：鱃，音秋；泥鳅。
〔4〕疣：皮肤病，皮肤上长肉瘤。
〔5〕服马：（芑木的汁液涂在马身上）使马驯服。
〔6〕臭：音嗅；气味。
〔7〕糟：通屁。
〔8〕烝：音蒸。
〔9〕鬲：音隔。
〔10〕欧：通呕；呕吐。

又东南三百里，曰女烝[8]之山，其上无草木。石膏水出焉，而西流注于鬲[9]水，其中多薄鱼，其状如鳣鱼而一目，其音如欧[10]，见则天下大旱。

又东南二百里，曰钦山，多金玉而无石。师水出焉，而北流注于皋泽，其中多鱃鱼，多文贝。有兽焉，其状如豚而有牙，其名曰当康，其鸣自叫，见则天下大穰。

又东南二百里，曰子桐之山。子桐之水出焉，而西流注于余如之泽。其中多䱻鱼，其状如鱼而鸟翼，出入有光，其音如鸳鸯，见则天下大旱。

又东北二百里，曰剡[11]山，多金、玉。有兽焉，其状如彘而人面，黄身而赤尾，其名曰合窳[12]，其音如婴儿。是兽也，食人，亦食虫蛇，见则天下大水。

又东北二百里，曰太山，上多金、玉，桢木[13]。有兽焉，其状如牛而白首，一目而蛇尾，其名曰蜚[14]，行水则竭，行草则死，见则天下大疫。钩水出焉，而北流注于劳水，其中多鱃鱼。

凡东次四经之首，自北号之山至于太山，凡八山，一千七百二十里。

右东经之山志，凡四十六山，万八千八百六十里。

〔11〕剡：音善。
〔12〕窳：音宇。
〔13〕桢木：女桢，一种灌木。
〔14〕蜚：音翡。

卷五

# 中山经

【甘枣之山】

有兽焉，其状如䖸鼠而文题，其名曰難，食之已瘿。

䖸：音毁。
题：额头。
難：音挪。

【渠猪之山】

渠猪之水出焉，而南流注于河。其中是多豪鱼，状如鲔，赤喙尾赤羽，可以已白癣。

【牛首之山】劳水出焉，而西流注于潏水，是多飞鱼，其状如鲋鱼，食之已痔衕。

【霍山】

有兽焉，其状如狸，而白尾有鬣，名曰朏朏，养之可以已忧。

朏：音匪。

鸣蛇

【鲜山】

鲜水出焉，而北流注于伊水。其中多鸣蛇，其状如蛇而四翼，其音如磬，见则其邑大旱。

【阳山】

阳水出焉，而北流注于伊水。其中多化蛇，其状如人面而豺身，鸟翼而蛇行，其音如叱呼，见其邑大水。

## 蠪蛭

【昆吾之山】

有兽焉，其状如彘而有角，其音如号，名曰蠪蛭，食之不眯。

# 马腹

【蔓渠之山】

有兽焉，其名曰马腹，其状如人面虎身，其音如婴儿，是食人。

## 人面鸟身神

凡济山之首，自辉诸之山至于蔓渠之山，凡九山，一千六百七十里，其神皆人面而鸟身。祠用毛，用一吉玉，投而不糈。

## 熏池神

【敖岸之山】

其阳多㻬琈之玉，其阴多赭、黄金。神熏池居之。

㻬琈：音涂浮。

【敖岸之山】有兽焉，其状如白鹿而四角，名曰夫诸，见则其邑大水。

## 武罗神

【青要之山】

魋武罗司之，其状人面而豹文，小要而白齿，而穿耳以鐻，其鸣如鸣玉。

魋：音神。
要：通腰。
鐻：音渠；耳环。

䳄

【青要之山】

畛水出焉，而北流注于河。其中有鸟焉，名曰䳄，其状如凫，青身而朱目赤尾，食之宜子。

䳄：音咬。

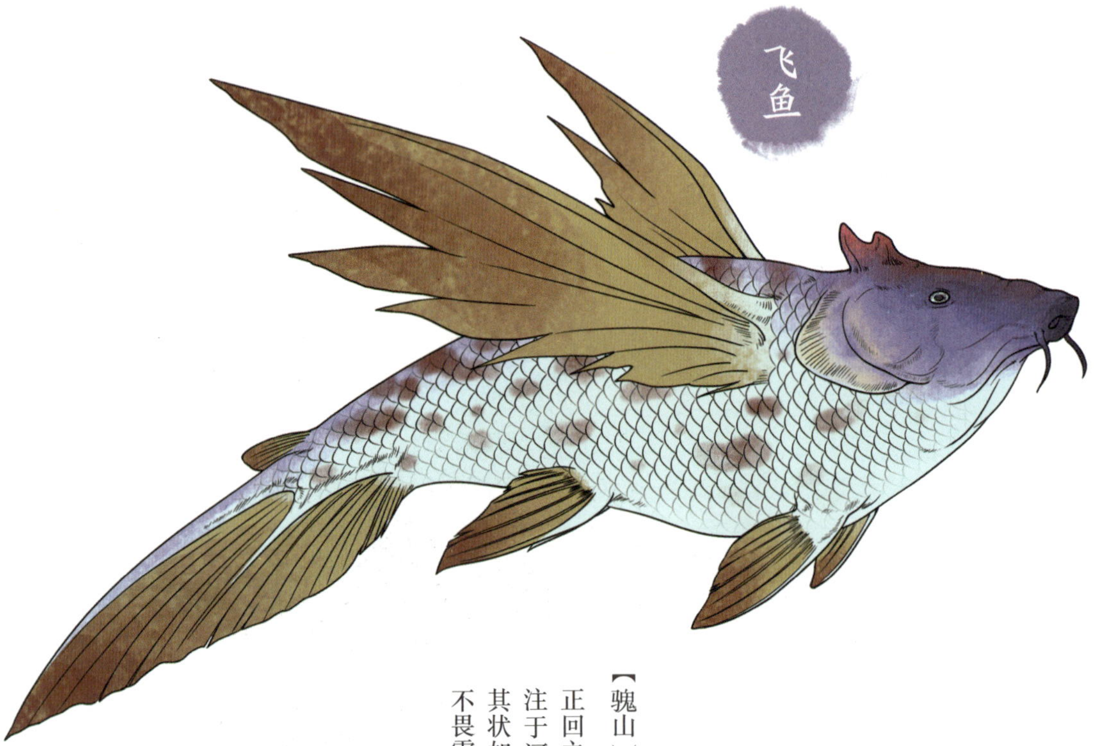


【騩山】

正回之水出焉，而北流注于河。其中多飞鱼，其状如豚而赤文，服之不畏雷，可以御兵。

【和山】

吉神泰逢司之，其状如人而虎尾，是好居于萯山之阳，出入有光。泰逢神动天地气也。

萯：音倍。

麐

【扶猪之山】

有兽焉，其状如貉而人目，其名曰麐。

麐：音银。

【厘山】

有兽焉，其状如牛，苍身，其音如婴儿，是食人，其名曰犀渠。

【厘山】

有兽焉，名曰獭，其状如獳犬而有鳞，其毛如彘鬣。

猲：音洁。

凡厘山之首，自鹿蹄之山至于玄扈之山，凡九山，千六百七十里。其神状皆人面兽身。其祠之，毛用一白鸡，祈而不糈，以采衣之。

衣：音义，包裹。

# 䖸鸟

【首山】

其阴有谷，曰机谷，多䖸鸟，其状如枭而三目，有耳，其音如录，食之已垫。

䖸：音带。
垫：一种湿病。

## 骄虫

【平逢之山】

有神焉，其状如人而二首，名曰骄虫，是为螫虫，实惟蜂蜜之庐，其祠之，用一雄鸡，禳而勿杀。

螫：音式。

【瘣山】

其西有谷焉，名曰雚谷，其木多柳楮。其中有鸟焉，状如山鸡而长尾，赤如丹火而青喙，名曰鸰鹦，其鸣自呼，服之不眯。

瘣：音归。
鸰鹦：音铃要。

【橐山】

橐水出焉，而北流注于河。其中多修辟之鱼，状如黾而白喙，其音如鸱，食之已白癣。

黾：音敏，蛙类动物，青色。

【姑媱之山】
帝女死焉，其名曰女尸，化为䔄草，其叶胥成，其华黄，其实如菟丘，服之媚于人。

胥：聚集。
菟丘：菟丝子。

【苦山】有兽焉，名曰山膏，其状如逐，赤若丹火，善詈。

詈：音立，辱骂。

天愚神

【堵山】

神天愚居之，是多怪风雨。其上有木焉，名曰天楄，方茎而葵状，服者不哽。

楄：音编。

哽：通噎。

【放皋之山】

有兽焉，其状如蜂，枝尾而反舌，善呼，其名曰文文。

# 三足龟

【大苦之山】

其阳狂水出焉，西南流注于伊水，其中多三足龟，食者无大疾，可以已肿。

【半石之山】

来需之水出于其阳，西流注于伊水，其中多鲶鱼，黑文，其状如鲋，食者不睡。

## 䲢鱼

【半石之山】

合水出于其阴，而北流注于洛，多䲢鱼，状如鳜，居逵，苍文赤尾，食者不痈，可以为瘘。

䲢：音腾。

逵：水中之穴道交通者。

## 鯑鱼

【少室之山】

休水出焉，而北流注于洛，其中多鯑鱼，状如盩蜼而长距，足白而对，食者无蛊疾，可以御兵。

盩蜼：音周位，类似猕猴的野兽。

# 豕身人面神

凡苦山之首，自休与之山至于大䰢之山，凡十有九山，千一百八十四里。其十六神者，皆豕身而人面。其祠：毛牷用一羊羞，婴用一藻玉瘗。

人面三首神

苦山、少室、太室皆冢也，其祠之，太牢之具，婴以吉玉。其神状皆人面而三首。其余属皆豕身而人面也。

【荆山】

漳水出焉，而东南流注于睢，其中多黄金，多鲛鱼。其兽多闾、麋。

鲛鱼：鲨鱼。

蟲围神

【骄山】

神蟲围处之，其状如人面，羊角虎爪，恒游于雎、漳之渊，出入有光。

蟲：音驼。

鸩

【女几之山】

其上多玉，其下多黄金，其兽多豹、虎，多闾、麋、麖、麂，其鸟多白鷮，多翟，多鸩。

鷮：音骄。

计蒙神

【光山】

其上多碧，其下多水。神计蒙处之，其状人身而龙首，恒游于漳渊，出入必有飘风暴雨。

# 涉䗥神

【岐山】

其阳多赤金，其阴多白珉，其上多金、玉，其下多青雘，其木多樗。神涉䗥处之，其状人身而方面三足。

白珉：珉，音民，一种似玉美石。
雘：音霍，善丹，可做颜料。
樗：音出，臭椿树。

凡荆山之首，自景山至琴鼓之山，凡二十三山，二千八百九十里。其神状皆鸟身而人面。其祠：用一雄鸡祈瘗，用一藻圭，糈用稌。骄山，冢也，其祠：用羞酒少牢祈，婴用一璧。

【岷山】

江水出焉，东北流注于海，其中多良龟，多鼍。

鼍：音驼；扬子鳄。

鼍

窃脂

【崌山】

有鸟焉，状如鸮而赤身白首，其名曰窃脂，可以御火。

【蛇山】有兽焉，其状如狐，而白尾长耳，名㹢狼，见则国内有兵。

㹢：音以。

马身龙首神

凡岷山之首，自女几山至于贾超之山，凡十六山，三千五百里。其神状皆马身而龙首。其祠：毛用一雄鸡瘗。糈用稌。

跂踵

【复州之山】

有鸟焉，其状如鸮，而一足彘尾，其名曰跂踵，见则其国大疫。

凡首阳山之首，自首山至于丙山，凡九山，二百六十七里。其神状皆龙身而人面。其祠之：毛用一雄鸡瘗，其糈用五种之糈。

# 雍和

【丰山】

有兽焉，其状如蝯，赤目、赤喙、黄身，名曰雍和，见则国有大恐。

蝯：通猿。

耕父神

【丰山】
神耕父处之，常游清泠之渊，出入有光，见则其国为败。

【瑶碧之山】

有鸟焉，其状如雉，恒食蜚，名曰鸩。

蜚：臭虫。

【攻离之山】

有鸟焉，其名曰婴勺，其状如鹊，赤目、赤喙、白身，其尾若勺，其鸣自呼。

若勺：似酒勺形。

【堇理之山】

有鸟焉，其状如鹊，青身白喙，白目白尾，名曰青耕，可以御疫，其鸣自叫。

【依轱之山】有兽焉，其状如犬，虎爪有甲，其名曰獜，善駚坌，食者不风。

獜：音吝。
駚坌：音央奋，跳跃。
不风：不患风疾。

獜

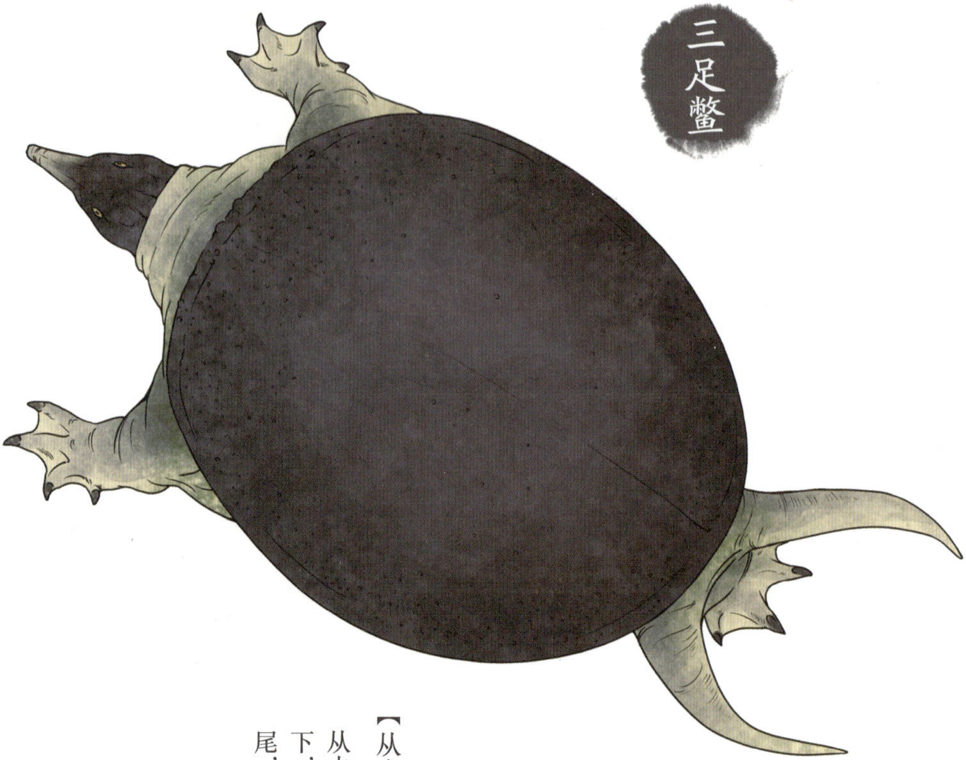
三足鳖

【从山】

从水出于其上，潜于其下，其中多三足鳖，枝尾，食之无蛊疫。

【毕山】

帝苑之水出焉，东北流注于视，其中多水玉，多蛟。

【乐马之山】

有兽焉，其状如彙，赤如丹火，其名曰㺶，见则其国大疫。

㺶：音立。

㺶

狙如

【倚帝之山】

有兽焉，状如鼣鼠，白耳白喙，名曰狙如，见则其国有大兵。

鼣：音费。

## 狏即

【鲜山】

有兽焉，其状如膜犬，赤喙、赤目、白尾，见则其邑有火，名曰狏即。

狏：音移。

【历石之山】

有兽焉，其状如狸，而白首虎爪，名曰梁渠，见则其国有大兵。

梁渠

【丑阳之山】

有鸟焉，其状如乌而赤足，名䳅鵌，可以御火。

䳅鵌：音指图。

【几山】

有兽焉，其状如彘，黄身、白头、白尾，名曰闻獜，见则天下大风。

凡荆山之首，自翼望之山至于几山，凡四十八山，三千七百三十二里。其神状皆彘身人首。其祠：毛用一雄鸡祈瘗，婴用一珪，糈用五种之精。

彘身人首神

【夫夫之山】

神于儿居之，其状人身而手操两蛇，常游于江渊，出入有光。

【洞庭之山】

帝之二女居之，是常游于江渊。澧沅之风，交潇湘之渊，是在九江之间，出入必以飘风暴雨。

帝之二女

【洞庭之山】是多怪神，状如人而载蛇，左右手操蛇。

【即公之山】

有兽焉，其状如龟，而白身赤首，名曰蛫，是可以御火。

蛫：音鬼。

蛫

鸟身龙首神

凡洞庭山之首，自篇遇之山至于荣余之山，凡十五山，二千八百里。其神状皆鸟身而龙首。其祠：毛用一雄鸡、一牝豚刉，糈用稌。

刉：音机；切割。

# 中山经

## 原文

中山经薄山之首，曰甘枣之山，共水出焉，而西流注于河。其上多杻木。其下有草焉，葵本[1]而杏叶。黄华而荚实，名曰箨[2]，可以已瞢[3]。有兽焉，其状如鼣[4]鼠而文题[5]，其名曰難[6]，食之已瘿。

又东二十里，曰历儿之山，其上多橿，多枥[7]木，是木也，方茎而员叶，黄华而毛，其实如楝[8]，服之不忘。

又东十五里，曰渠猪之山，其上多竹，渠猪之水出焉，而南流注于河。其中是多豪鱼，状如鲔，赤喙尾赤羽，可以已白癣。

又东三十五里，曰葱聋之山，其中多大谷，是多白垩，黑、青、黄垩。

又东十五里，曰涹[9]山，其上多赤铜，其阴多铁。

又东七十里，曰脱扈之山。有草焉，其状如葵叶而赤华，荚实，实如棕荚，名曰植楮，可以已癙[10]，食之不眯。

又东二十里，曰金星之山，多天婴，其状如龙骨，可以已痤[11]。

又东七十里，曰泰威之山。其中有谷，曰枭谷，其中多铁。

又东十五里，曰橿谷之山。其中多赤铜。

又东百二十里，曰吴林之山，其中多葌[12]草。

又北三十里，曰牛首之山。有草焉，名曰鬼草，其叶如葵而赤茎，其秀[13]如禾，服之不忧。劳水出焉，而西流注于潏[14]水，是多飞鱼，其状如鲋鱼，食之已痔衕[15]。

〔1〕本：根、茎。
〔2〕箨：音拓；草名。
〔3〕瞢：音萌；眼睛看不清的病症。
〔4〕鼣：音毁。
〔5〕题：额头。
〔6〕難：音挪。
〔7〕枥：音厉。
〔8〕楝：音练；落叶乔木。
〔9〕涹：音窝。
〔10〕癙：音鼠；瘘管病。
〔11〕痤：痤疮。
〔12〕葌草：葌，音尖；茅草。
〔13〕秀：植物的花朵。
〔14〕潏：音决。
〔15〕痔衕：痔疮。

又北四十里，曰霍山，其木多构。有兽焉，其状如狸，而白尾有鬣[16]，名曰朏朏[17]，养之可以已忧。

又北五十二里，曰合谷之山，是多薝[18]棘。

又北三十五里，曰阴山，多砺石、文石。少水出焉，其中多彫[19]棠，其叶如榆叶而方，其实如赤菽[20]，食之已聋。

又东北四百里，曰鼓镫之山，多赤铜。有草焉，名曰荣草，其叶如柳，其本如鸡卵，食之已风。

凡薄山之首，自甘枣之山至于鼓镫之山，凡十五山，六千六百七十里。历儿，冢也，其祠礼：毛，太牢之具；县[21]以吉玉。其余十三者，毛用一羊，县婴用桑封，瘗而不糈。桑封者，桑主也，方其下而锐其上，而中穿之加金。

〔16〕鬣：音列；脖子上的长毛。
〔17〕朏：音匪。
〔18〕薝：音詹。
〔19〕彫：音雕。
〔20〕菽：音叔；小豆。
〔21〕县：通悬。

中次二经济山之首，曰辉诸之山，其上多桑，其兽多闾、麋，其鸟多鹖[1]。

又西南二百里，曰发视之山，其上多金、玉，其下多砥、砺。即鱼之水出焉，而西流注于伊水。

又西三百里，曰豪山，其上多金、玉而无草木。

又西三百里，曰鲜山，多金、玉，无草木。鲜水出焉，而北流注于伊水。其中多鸣蛇，其状如蛇而四翼，其音如磬[2]，见则其邑大旱。

又西三百里，曰阳山，多石，无草木。阳水出焉，而北流注于伊水。其中多化蛇，其状如人面而豺身，鸟翼而蛇行[3]，其音如叱呼，见其邑大水。

又西二百里，曰昆吾之山，其上多赤铜。有兽焉，其状如彘而有角，其音如号，名曰蠪蚳，食之不眯。

〔1〕鹖：音河；鹖鸡，生性好斗。
〔2〕磬：音庆；一种打击乐器。
〔3〕蛇行：像蛇一样蜿蜒前行。

又西百二十里，曰葌山。葌水出焉，而北流注于伊水，其上多金、玉，其下多青雄黄。有木焉，其状如棠而赤叶，名曰芒草，可以毒鱼。

又西一百五十里，曰蔓渠之山，其上多金、玉，其下多竹、箭。伊水出焉，而东流注于洛。有兽焉，其名曰马腹，其状如人面虎身，其音如婴儿，是食人。

凡济山之首，自辉诸之山至于蔓渠之山，凡九山，一千六百七十里，其神皆人面而鸟身。祠用毛，用一吉玉，投而不糈。

中次三经萯[1]山之首，曰敖岸之山，其阳多㻬琈之玉，其阴多赭、黄金。神熏池居之。是常出美玉。北望河林，其状如茜如举[2]。有兽焉，其状如白鹿而四角，名曰夫诸，见则其邑大水。

又东十里，曰青要之山，实惟帝之密都。北望河曲，是多驾鸟[3]。南望墠[4]渚，禹父之所化，中多仆累[5]、蒲卢[6]。䰠[7]武罗司之，其状人面而豹文，小要[8]而白齿，而穿耳以鐻[9]，其鸣如鸣玉。是山也，宜女子。畛[10]水出焉，而北流注于河。其中有鸟焉，名曰鴢[11]，其状如凫，青身而朱目赤尾，食之宜子。有草焉，其状如葌，而方茎黄华赤实，其本如藁本[12]，名曰荀，服之美人色。

又东十里，曰騩[13]山，其上有美枣，其阴有㻬琈之玉。正回之水出焉，而北流注于河。其中多飞鱼，其状如豚而赤文，服之不畏雷，可以御兵。

又东四十里，曰宜苏之山，其上多金、玉，其下多蔓居之木。滽滽[14]之水出焉，而北流注于河，是多黄贝。

又东二十里，曰和山，其上无草木而多瑶、碧，实惟河之九都[15]。是山也五曲[16]，九水出焉，合而北流注于河，其中多苍玉。吉神泰逢司之，其状如人而虎尾，是好居于萯山之阳，出入有光。泰逢神动天地气也。

〔1〕萯：音倍。
〔2〕如茜如举：茜，音欠，即茜草，可做染料；举，即榉柳，落叶乔木。
〔3〕驾鸟：驾，音加；或为鴐鹅，即野鹅。
〔4〕墠：音谈。
〔5〕仆累：蜗牛。
〔6〕蒲卢：软体动物，蛤蚌之类。一说蒲卢与仆累为同类之物，蒲卢与仆累读音相近。
〔7〕䰠：音神。
〔8〕要：通腰。
〔9〕鐻：音渠；耳环。
〔10〕畛：音诊。
〔11〕鴢：音咬。
〔12〕藁本：藁，音稿；一种药草。
〔13〕騩：音微。
〔14〕滽：音庸。
〔15〕河之九都：九条河的发源地。
〔16〕五曲：曲回五重。

凡苋山之首，自敖岸之山至于和山，凡五山，四百四十里。其祠：泰逢、熏池、武罗皆一牡羊副[17]，婴用吉玉。其二神用一雄鸡瘗之，糈用稌。

〔17〕副：音批；剖开。

中次四经厘山之首，曰鹿蹄之山，其上多玉，其下多金。甘水出焉，而北流注于洛，其中多泠[1]石。

西五十里，曰扶猪之山，其上多礝[2]石。有兽焉，其状如貉[3]而人目，其名曰麐[4]。虢水出焉，而北流注于洛，其中多瓀[5]石。

又西一百二十里，曰厘山，其阳多玉，其阴多蒐[6]。有兽焉，其状如牛，苍身，其音如婴儿，是食人，其名曰犀渠。滽滽之水出焉，而南流注于伊水。有兽焉，名曰獙[7]，其状如獳（nòu）犬而有鳞，其毛如彘鬣。

又西二百里，曰箕尾之山，多穀，多涂石，其上多㻬琈之玉。

又西二百五十里，曰柄山，其上多玉，其下多铜。滔雕之水出焉，而北流注于洛。其中多羬羊。有木焉，其状如樗，其叶如桐而荚实，其名曰茇[8]，可以毒鱼。

又西二百里，曰白边之山，其上多金、玉，其下多青雄黄。

又西二百里，曰熊耳之山，其上多漆，其下多棕。浮濠之水出焉，而西流注于洛，其中多水玉，多人鱼。有草焉，其状如苏而赤华，名曰葶苧[9]，可以毒鱼。

又西三百里，曰牡山，其上多文石，其下多竹箭、竹䉋，其兽多㸲牛、羬羊，鸟多赤鷩[10]。

又西三百五十里，曰讙举之山。雒[11]水出焉，而东北流注于玄扈之水，其中多马肠[12]之物。此二山者，洛间[13]也。

凡厘山之首，自鹿蹄之山至于玄扈之山，凡九山，千六百七十里。其神状皆人面兽身。其祠之，毛用一白鸡，祈而不糈，以采衣[14]之。

〔1〕泠：音赣。
〔2〕礝石：礝，音软；一种矿石。
〔3〕貉：音合；外形像狐狸，昼伏夜出，俗称貉子。
〔4〕麐：音银。
〔5〕瓀石：瓀，音软；即上文所述礝石。
〔6〕蒐：音搜；即茜草。
〔7〕獙：音洁。
〔8〕茇：音拔；古树名。
〔9〕葶苧：音亭宁；毒草名。
〔10〕赤鷩：鷩，音必；山鸡的一种。
〔11〕雒：音洛。
〔12〕马肠：兽名；一说马肠即为上文的马腹。
〔13〕洛间：指讙举、玄扈二山夹在洛水间。
〔14〕衣：覆盖、包裹。

中次五经薄山之首，曰苟林之山，无草木，多怪石。

东三百里，曰首山，其阴多穀、柞，其草多茶、芫[1]，其阳多㻬琈之玉，木多槐。其阴有谷，曰机谷，多䳋[2]鸟，其状如枭而三目，有耳，其音如录[3]，食之已垫[4]。

又东三百里，曰县斸[5]之山，无草木，多文石。

又东三百里，曰葱聋之山，无草木，多㻂[6]石。

东北五百里，曰条谷之山，其木多槐、桐，其草多芍药、门冬。

又北十里，曰超山，其阴多苍玉，其阳有井，冬有水而夏竭。

又东五百里，曰成侯之山，其上多櫄木[7]，其草多芃[8]。

又东五百里，曰朝歌之山，谷多美垩。

又东五百里，曰槐山，谷多金锡。

又东十里，曰历山，其木多槐，其阳多玉。

又东十里，曰尸山，多苍玉，其兽多麖[9]。尸水出焉，南流注于洛水，其中多美玉。

又东十里，曰良余之山，其上多穀、柞，无石。余水出于其阴，而北流注于河；乳水出于其阳，而东南流注于洛。

又东南十里，曰蛊尾之山，多砺石、赤铜。龙余之水出焉，而东南流注于洛。

又东北二十里，曰升山，其木其多穀、柞、棘，其草多藷芎、蕙[10]，多寇脱[11]。黄酸之水出焉，而北流注于河，其中多璇玉。

又东二十里，曰阳虚之山，多金，临于玄扈之水。

凡薄山之首，自苟林之山至于阳虚之山，凡十六山，二千九百八十二里。升山，冢也，其祠礼：太牢，婴用吉玉。首山，䰠也，其祠用稌、黑牺太牢[12]之具、蘖酿[13]；干儛[14]，置鼓[15]；婴用一璧。尸水，合天也[16]，肥牲祠之；用一黑犬于上，用一雌鸡于下，刉[17]一牝羊，献血。婴用吉玉，采之，

〔1〕茶、芫：茶，音竹，即山蓟，药材，分为白术和苍术；芫，音元，即芫华，药材。
〔2〕䳋：音带。
〔3〕录：鹿鸣。
〔4〕垫：一种湿病。
〔5〕斸：音竹。
〔6〕㻂：音棒。
〔7〕櫄木：櫄，音春；即椿树。
〔8〕芃：音交；即秦芃，一种药材。
〔9〕麖：音京；鹿的一种，体形较大。
〔10〕蕙：香草名。
〔11〕寇脱：一种长于南方的草。
〔12〕黑牺太牢：黑色牲畜的太牢，太牢即牛、羊、猪。
〔13〕蘖酿：蘖，音孽；即用蘖作酒曲酿造的酒。
〔14〕干儛：儛，音舞；手持盾牌起舞。
〔15〕置鼓：击鼓，以配合干儛。
〔16〕尸水，合天也：尸水，上通到天界。
〔17〕刉：音机；切割。

飨之。

中次六经缟羝[1]山之首，曰平逢之山，南望伊洛，东望谷城之山，无草木，无水，多沙、石。有神焉，其状如人而二首，名曰骄虫，是为螫虫[2]，实惟蜂蜜之庐[3]，其祠之，用一雄鸡，禳[4]而勿杀。

西十里，曰缟羝之山，无草木，多金、玉。

又西十里，曰廆[5]山，其阴多㻬琈之玉。其西有谷焉，名曰雚[6]谷，其木多柳楮。其中有鸟焉，状如山鸡而长尾，赤如丹火而青喙，名曰鸰䴈[7]，其鸣自呼，服之不眯。交觞之水出于阳，而南流于洛；俞随之水出于其阴，而北流注于谷水。

又西三十里，曰瞻诸之山，其阳多金，其阴多文石。谢[8]水出焉，而东南流注于洛；少水出其阴，而东流注于谷水。

又西三十里，曰娄涿之山，无草木，多金、玉。瞻水出于其阳，而东流注于洛；陂[9]水出于其阴，而北流注于谷水，其中多茈石、文石。

又西四十里，曰白石之山。惠水出于其阳，而南流注于洛，其中多水玉。涧水出于其阴，西北流注于谷水，其中多麋石[10]、栌丹[11]。

又西五十里，曰谷山，其上多穀，其下多桑。爽水出焉，而西北流注于谷水，其中多碧绿[12]。

又西七十二里，曰密山，其阳多玉，其阴多铁。豪水出焉，而南流注于洛，其中多旋龟，其状鸟首而鳖尾，其音如判木。无草木。

又西百里，曰长石之山，无草木，多金、玉。其西有谷焉，名曰共谷，多竹。共水出焉，西南流注于洛，其中多鸣石。

又西一百四十里，曰傅山，无草木，多瑶、碧。厌染之水出于其阳，而南流注于洛，其中多人鱼。其西有林焉，名曰墦[13]冢。谷水出焉，而东流注于洛，其中多珚[14]玉。

〔1〕缟羝：音稿低。
〔2〕螫虫：螫，音式；即长有毒刺能蜇人的昆虫。
〔3〕庐：居住之所。
〔4〕禳：消灾的祭祀。
〔5〕廆：音归。
〔6〕雚：音贯。
〔7〕鸰䴈：音铃要。
〔8〕谢：音谢。
〔9〕陂：音杯。
〔10〕麋石：或为画眉石。
〔11〕栌丹：或为黑色丹砂。
〔12〕碧绿：或为孔雀石。
〔13〕墦：音凡。
〔14〕珚：音烟。

又西五十里，曰橐[15]山，其木多樗，多楰[16]木，其阳多金玉，其阴多铁，多萧。橐水出焉，而北流注于河。其中多修辟之鱼，状如黾[17]而白喙，其音如鸱，食之已白癣。

又西九十里，曰常烝[18]之山，无草木，多垩。潐[19]水出焉，而东北流注于河，其中多苍玉。菑[20]水出焉，而北流注于河。

又西九十里，曰夸父之山，其木多棕、枏，多竹、箭，其兽多㸲牛、羬羊，其鸟多赤鷩，其阳多玉，其阴多铁。其北有林焉，名曰桃林，是广员三百里，其中多马。湖水出焉，而北流注于河，其中多珚玉。

又西九十里，曰阳华之山，其阳多金、玉，其阴多青雄黄，其草多藷萸，多苦辛，其状如椿[21]，其实如瓜，其味酸甘，食之已疟[22]。杨水出焉，而西南流注于洛，其中多人鱼。门水出焉，而东北流注于河，其中多玄𥔲。緍[23]姑之水出于其阴，而东流注于门水，其上多铜。门水出于河，七百九十里入雒水。

凡缟羝山之首，自平逢之山至于阳华之山，凡十四山，七百九十里。岳[24]在其中，以六月祭之，如诸岳之祠法，则天下安宁。

〔15〕橐：音驼。
〔16〕楰：音倍。
〔17〕黾：音敏；蛙类动物，青色。
〔18〕烝：音蒸。
〔19〕潐：音桥。
〔20〕菑：音兹。
〔21〕椿：通楸；即楸树。
〔22〕疟：疟疾。
〔23〕緍：音及。
〔24〕岳：泛指高大的山岳。

中次七经苦山之首，曰休与之山。其上有石焉，名曰帝台[1]之棋，五色而文，其状如鹑卵，帝台之石，所以祷百神[2]者也，服之不蛊。有草焉，其状如蓍[3]，赤叶而本丛生。名曰夙条，可以为簳[4]。

东三百里，曰鼓钟之山，帝台之所以觞[5]百神也。有草焉，方茎而黄华，员叶而三成[6]，其名曰焉酸，可以为毒。其上多砺，其下多砥。

又东二百里，曰姑媱[7]之山。帝女死焉，其名曰女尸，化为䔄[8]草，其叶胥[9]成，其华黄，其实如菟丘[10]，服之媚于人[11]。

又东二十里，曰苦山。有兽焉，名曰山膏，其状如豚，赤若丹火，善詈[12]。其上有木焉，名曰黄棘，黄华而员叶，其实如

〔1〕帝台：神人名。
〔2〕祷百神：向百神祈祷。
〔3〕蓍：音师；即蓍草。
〔4〕簳：音敢；即箭竿。
〔5〕觞：进酒、宴请。
〔6〕成：层、重。
〔7〕媱：音摇。
〔8〕䔄：音摇。
〔9〕胥：聚集。
〔10〕菟丘：菟丝子。
〔11〕媚于人：为人所爱。
〔12〕詈：音立；辱骂。

兰，服之不字[13]。有草焉，员叶而无茎，赤华而不实，名曰无条，服之不瘿。

又东二十七里，曰堵山，神天愚居之，是多怪风雨。其上有木焉，名曰天楄[14]，方茎而葵状，服者不哽[15]。

又东五十二里，曰放皋之山。明水出焉，南流注于伊水，其中多苍玉。有木焉，其叶如槐，黄华而不实，其名曰蒙木，服之不惑。有兽焉，其状如蜂，枝尾而反舌，善呼，其名曰文文。

又东五十七里，曰大苦之山，多㻬琈之玉，多麋玉。有草焉，其状叶如榆，方茎而苍伤[16]，其名曰牛伤[17]，其根苍文，服者不厥[18]，可以御兵。其阳狂水出焉，西南流注于伊水，其中多三足龟，食者无大疾，可以已肿。

又东七十里，曰半石之山。其上有草焉，生而秀[19]，其高丈余，赤叶赤华，华而不实，其名曰嘉荣，服之者不畏霆。来需之水出于其阳，西流注于伊水，其中多鯩[20]鱼，黑文，其状如鲋，食者不睡。合水出于其阴，而北流注于洛，多鰧[21]鱼，状如鳜[22]，居逵[23]，苍文赤尾，食者不痈，可以为瘘。

又东五十里，曰少室之山，百草木成囷[24]。其上有木焉，名曰帝休，叶状如杨，其枝五衢[25]，黄华黑实，服者不怒。其上多玉，其下多铁。休水出焉，而北流注于洛，其中多䱱鱼，状如盩蜼[26]而长距，足白而对，食者无蛊疾，可以御兵。

又东三十里，曰泰室之山。其上有木焉，叶状如梨而赤理，其名曰栯[27]木，服者不妒。有草焉，其状如茶，白华黑实，泽如蘡薁[28]，其名曰䔄草，服之不昧[29]。上多美石。

又北三十里，曰讲山，其上多玉，多柘，多柏。有木焉，名曰帝屋，叶状如椒，反伤赤实，可以御凶。

又北三十里，曰婴梁之山，上多苍玉，錞[30]于玄石。

又东三十里，曰浮戏之山。有木焉，叶状如樗而赤实，名曰亢木，食之不蛊。汜[31]水出焉，而北流注于河。其东有谷，因名曰蛇谷，上多少辛[32]。

又东四十里，曰少陉之山。有草焉，名曰䒖[33]草，叶状如

〔13〕字：生育。
〔14〕楄：音编。
〔15〕哽：通噎。
〔16〕苍伤：伤即刺，苍伤即青色的刺。
〔17〕牛伤：牛棘。
〔18〕厥：昏厥。
〔19〕生而秀：一开始生长即抽穗开花。
〔20〕鯩：音伦。
〔21〕鰧：音腾。
〔22〕鳜：音桂；鳜鱼。
〔23〕逵：水中之穴道交通者。
〔24〕囷：圆形的仓库。
〔25〕衢：音渠；交错。
〔26〕盩蜼：音周位；类似猕猴的野兽。
〔27〕栯：音郁。
〔28〕蘡薁：音婴玉；落叶藤木，或为山葡萄。
〔29〕昧：梦魇。
〔30〕錞：通蹲；引申为依附之意。
〔31〕汜：音四。
〔32〕少辛：又名细辛，一种草药。
〔33〕䒖：音刚。

葵，而赤茎白华，实如蘡薁，食之不愚。器难之水出焉，而北流注于役水。

又东南十里，曰太山。有草焉，名曰梨，其叶状如萩[34]而赤华，可以已疽。太水出于其阳，而东南流注于役水；承水出于其阴，而东北流注于役。

又东二十里，曰末山，上多赤金。末水出焉，北流注于役。

又东二十五里，曰役山，上多白金，多铁。役水出焉，北流注于河。

又东三十五里，曰敏山。上有木焉，其状如荆，白华而赤实，名曰葪柏[35]，服者不寒。其阳多㻬琈之玉。

又东三十里，曰大騩之山，其阴多铁、美玉、青垩。有草焉，其状如蓍而毛，青华而白实，其名曰蒗[36]，服之不夭[37]，可以为腹病。

凡苦山之首，自休与之山至于大騩之山，凡十有九山，千一百八十四里。其十六神者，皆豕身而人面。其祠：毛牷用一羊羞，婴用一藻玉瘗。苦山、少室、太室皆冢也，其祠之，太牢之具，婴以吉玉。其神状皆人面而三首。其余属皆豕身而人面也。

〔34〕萩：音秋；蒿类植物。
〔35〕葪：通蓟，音计。
〔36〕蒗：通蒗，音很。
〔37〕夭：夭折。

中次八经荆山之首，曰景山，其上多金、玉，其木多杼[1]、檀。雎[2]水出焉，东南流注于江，其中多丹粟，多文鱼。

东北百里，曰荆山，其阴多铁，其阳多赤金，其中多犛[3]牛，多豹、虎，其木多松、柏，其草多竹，多橘、櫾[4]。漳水出焉，而东南流注于雎，其中多黄金，多鲛[5]鱼。其兽多闾、麋。

又东北百五十里，曰骄山，其上多玉，其下多青雘，其木多松、柏，多桃枝、钩端，神鼍[6]围处之，其状如人面，羊角虎爪，恒游于雎、漳之渊，出入有光。

又东北百二十里，曰女几之山，其上多玉，其下多黄金，其兽多豹、虎，多闾、麋、麖、麂[7]，其鸟多白鷮[8]，多翟，多鸩。

〔1〕杼：音柱；即栎树。
〔2〕雎：音居。
〔3〕犛牛：犛，音毛；或为牦牛。
〔4〕櫾：通柚。
〔5〕鲛鱼：鲛，音交；即鲨鱼。
〔6〕鼍：音驼。
〔7〕麂：体形较小的鹿类。
〔8〕鷮：音骄。

又东北二百里，曰宜诸之山，其上多金、玉，其下多青雘。洈[9]水出焉，而南流注于漳，其中多白玉。

又东北三百五十里，曰纶山，其木多梓、枏，多桃枝，多柤、栗、橘、櫾，其兽多闾、麈[10]、麢、㚟[11]。

又东北二百里，曰陆郐[12]之山，其上多㻬琈之玉，其下多垩，其木多杻、橿。

又东百三十里，曰光山，其上多碧，其下多水。神计蒙处之，其状人身而龙首，恒游于漳渊，出入必有飘风暴雨。

又东北百五十里，曰岐山，其阳多赤金，其阴多白珉[13]，其上多金、玉，其下多青雘，其木多樗。神涉䖵处之，其状人身而方面三足。

又东百三十里，曰铜山，其上多金、银、铁，其木多穀、柞、柤、栗、橘、櫾，其兽多犳[14]。

又东北一百里，曰美山，其兽多兕牛，多闾、麈，多豕、鹿，其上多金，其下青雘。

又东北百里，曰大尧之山，其木多松、柏，多梓、桑，多机[15]，其草多竹，其兽多豹、虎、麢、㚟。

又东北三百里，曰灵山，其上多金、玉，其下多青雘，其木多桃、李、梅、杏。

又东北七十里，曰龙山，上多寓木[16]，其上多碧，其下多赤锡，其草多桃枝、钩端。

又东南五十里，曰衡山，上多寓木、穀、柞，多黄垩、白垩。

又东南七十里，曰石山，其上多金，其下多青雘，多寓木。

又南百二十里，曰若山，其上多㻬琈之玉，多赭，多封石，多寓木，多柘。

又东南一百二十里，曰彘山，多美石，多柘。

又东南一百五十里，曰玉山，其上多金、玉，其下多碧、铁，其木多柏。

又东南七十里，曰讙山，其木多檀，多封石，多白锡。郁水出于其上，潜于其下，其中多砥、砺。

〔9〕洈：音维。
〔10〕麈：音主；鹿类动物。
〔11〕㚟：音绰；似兔而鹿足，青色。
〔12〕郐：音鬼。
〔13〕白珉：珉，音民；一种似玉美石。
〔14〕犳：音卓。
〔15〕机：桤木，落叶乔木。
〔16〕寓木：又名宛童（见《尔雅》），一种寄生在其他树木上的植物。

又东北百五十里，曰仁举之山，其木多榖、柞，其阳多赤金，其阴多赭。

又东五十里，曰师每之山，其阳多砥、砺，其阴多青雘，其木多柏，多檀，多柘，其草多竹。

又东南二百里，曰琴鼓之山，其木多榖、柞、椒[17]、柘，其上多白珉，其下多洗石，其兽多豕、鹿，多白犀，其鸟多鸩。

凡荆山之首，自景山至琴鼓之山，凡二十三山，二千八百九十里。其神状皆鸟身而人面。其祠：用一雄鸡祈瘗，用一藻圭，糈用稌。骄山，冢也，其祠：用羞酒少牢祈，婴用一璧。

〔17〕椒：一种矮小丛生的树。

中次九经岷山之首，曰女几之山，其上多石涅，其木多杻、橿，其草多菊、茉。洛水出焉，东注于江，其中多雄黄，其兽多虎、豹。

又东北三百里，曰岷山。江水出焉，东北流注于海，其中多良龟，多鼍[1]。其上多金、玉，其下多白珉，其木多梅、棠，其兽多犀、象，多夔牛[2]，其鸟多翰、鷩[3]。

又东北一百四十里，曰崃山。江水出焉，东流注大江。其阳多黄金，其阴多麋、麈，其木多檀、柘，其草多䪥[4]、韭，多药[5]、空夺[6]。

又东一百五十里，曰崌[7]山。江水出焉，东流注于大江，其中多怪蛇，多鳘[8]鱼，其木多楢[9]、杻，多梅、梓，其兽多夔牛、麢、㚟、犀、兕。有鸟焉，状如鸮而赤身白首，其名曰窃脂，可以御火。

又东三百里，曰高梁之山，其上多垩，其下多砥、砺，其木多桃枝、钩端。有草焉，状如葵而赤华、荚实、白柎，可以走马。

又东四百里，曰蛇山，其上多黄金，其下多垩，其木多栒，多豫章，其草多嘉荣、少辛。有兽焉，其状如狐，而白尾长耳，名貀[10]狼，见则国内有兵。

〔1〕鼍：音驼；扬子鳄。
〔2〕夔牛：大牛，重数千斤。
〔3〕翰、鷩：白翰、赤鷩。
〔4〕䪥：音谢；一种山野菜。
〔5〕药：白芷。
〔6〕空夺：寇脱。
〔7〕崌：音居。
〔8〕鳘：音质。
〔9〕楢：音由；刚木（木质坚硬的树木），可做车辆。
〔10〕貀：音以。

又东五百里，曰鬲山，其阳多金，其阴多白珉。蒲鸏[11]之水出焉，而东流注于江，其中多白玉。其兽多犀、象、熊、罴，多猨蜼[12]。

又东北三百里，曰隅阳之山，其上多金、玉，其下多青雘，其木多梓、桑，其草多茈。徐之水出焉，东流注于江，其中多丹粟。

又东二百五十里，曰岐山，其上多白金，其下多铁，其木多梅、梓，多杻、楢。減水出焉，东南流注于江。

又东三百里，曰勾㭫[13]之山，其上多玉，其下多黄金，其木多栎、柘，其草多芍药。

又东一百五十里，曰风雨之山，其上多白金，其下多石涅，其木多椒、椫[14]，多杨。宣余之水出焉，东流注于江，其中多蛇，其兽多闾、麋，多麈、豹、虎，其鸟多白鷮。

又东北二百里，曰玉山，其阳多铜，其阴多赤金，其木多豫章、楢、杻，其兽多豕、鹿、麢、臭，其鸟多鸩。

又东一百五十里，曰熊山。有穴焉，熊之穴，恒出入神人。夏启而冬闭，是穴也，冬启乃必有兵。其上多白玉，其下多白金，其木多樗柳，其草多寇脱。

又东一百四十里，曰騩山，其阳多美玉、赤金，其阴多铁，其木多桃枝、荆、芑。

又东二百里，曰葛山，其上多赤金，其下多瑊[15]石，其木多柤、栗、橘、櫾、楢、杻，其兽多麢、臭，其草多嘉荣。

又东一百七十里，曰贾超之山，其阳多黄垩，其阴多美赭，其木多柤、栗、橘、櫾，其中多龙修[16]。

凡岷山之首，自女几山至于贾超之山，凡十六山，三千五百里。其神状皆马身而龙首。其祠：毛用一雄鸡瘗。糈用稌。文山、勾㭫、风雨、騩山，是皆冢也，其祠之：羞酒[17]，少牢具，婴用一吉玉。熊山，帝也，其祠：羞酒，太牢具，婴用一璧。干儛，用兵以禳；祈，璆[18]冕舞。

〔11〕鸏：音蒙。

〔12〕猨蜼：猿猴和长尾猴。

〔13〕㭫：音迷。

〔14〕椒、椫：椒，音邹，椒木；椫，音善，白理木，长有白色纹理。

〔15〕瑊：音尖。

〔16〕龙修：龙须草。

〔17〕羞酒：先进酒以酹（音类，把酒洒在地上以示祭奠）神。

〔18〕璆：通球；一种美玉。

中次十经之首，曰首阳之山，其上多金、玉，无草木。

又西五十里，曰虎尾之山，其木多椒、椐，多封石，其阳多赤金，其阴多铁。

又西南五十里，曰繁缋[1]之山，其木多楢、杻，其草多枝勾[2]。

又西南二十里，曰勇石之山，无草木，多白金，多水。

又西二十里，曰复州之山，其木多檀，其阳多黄金。有鸟焉，其状如鸮，而一足彘尾，其名曰跂踵，见则其国大疫。

又西三十里，曰楮山，多寓木，多椒、椐，多柘，多垩。

又西二十里，曰又原之山，其阳多青雘，其阴多铁，其鸟多鸜鹆[3]。

又西五十里，曰涿山，其木多榖、柞、杻，其阳多㻬琈之玉。

又西七十里，曰丙山，其木多梓、檀，多弞杻[4]。

凡首阳山之首，自首山至于丙山，凡九山，二百六十七里。其神状皆龙身而人面。其祠之：毛用一雄鸡瘗，糈用五种之糈[5]。堵山，冢也，其祠之：少牢具，羞酒祠，婴用一璧瘗。騩山，帝也，其祠：羞酒，太牢具；合巫祝[6]二人儛，婴一璧。

〔1〕缋：音绘。
〔2〕枝勾：桃枝竹和钩端竹。
〔3〕鸜鹆：即鸲鹆，八哥。
〔4〕弞杻：弞，音审，长；弞杻即长而直的杻树。
〔5〕五种之糈：黍、稷、稻、粱、麦。
〔6〕巫祝：巫师和祝师。

中次一十一经荆山之首，曰翼望之山。湍[1]水出焉，东流注于济；贶[2]水出焉，东南流注于汉，其中多蛟。其上多松、柏，其下多漆[3]、梓，其阳多赤金，其阴多珉。

又东北一百五十里，曰朝歌之山。溠[4]水出焉，东南流注于荥，其中多人鱼。其上多梓、枏，其兽多麢、麋。有草焉，名曰莽草，可以毒鱼。

又东南二百里，曰帝囷之山，其阳多㻬琈之玉，其阴多铁。帝囷之水出于其上，潜于其下，多鸣蛇。

又东南五十里，曰视山，其上多韭。有井焉，名曰天井，夏有水，冬竭。其上多桑，多美垩、金、玉。

〔1〕湍：音专。
〔2〕贶：音况。
〔3〕漆：漆木。
〔4〕溠：音武。

又东南二百里，曰前山，其木多槠[5]，多柏，其阳多金，其阴多赭。

又东南三百里，曰丰山，有兽焉，其状如蝯[6]，赤目、赤喙、黄身，名曰雍和，见则国有大恐。神耕父处之，常游清泠[7]之渊，出入有光，见则其国为败。有九钟焉，是和霜鸣[8]。其上多金，其下多穀、柞、杻、橿。

又东北八百里，曰兔床之山，其阳多铁，其木多槠、芧[9]，其草多鸡谷，其本如鸡卵，其味酸甘，食者利于人。

又东六十里，曰皮山，多垩，多赭，其木多松、柏。

又东六十里，曰瑶碧之山，其木多梓、枏，其阴多青雘，其阳多白金。有鸟焉，其状如雉，恒食蜚[10]，名曰鸩。

又东四十里，曰攻离之山。济水出焉，南流注于汉。有鸟焉，其名曰婴勺，其状如鹊，赤目、赤喙、白身，其尾若勺[11]，其鸣自呼。多㸲牛，多羬羊。

又东北五十里，曰袟筒[12]之山，其上多松、柏、机桓[13]。

又西北一百里，曰堇理之山，其上多松柏，多美梓，其阴多丹雘，多金，其兽多豹、虎。有鸟焉，其状如鹊，青身白喙，白目白尾，名曰青耕，可以御疫，其鸣自叫。

又东南三十里，曰依轱[14]之山，其上多杻、橿，多苴[15]。有兽焉，其状如犬，虎爪有甲，其名曰獜[16]，善駚坌[17]，食者不风[18]。

又东南三十五里，曰即谷之山，多美玉，多玄豹，多闾、麈，多麢、臭。其阳多珉，其阴多青雘。

又东南四十里，曰鸡山，其上多美梓，多桑，其草多韭。

又东南五十里，曰高前之山。其上有水焉，甚寒而清，帝台之浆也，饮之者不心痛。其上有金，其下有赭。

又东南三十里，曰游戏之山，多杻、橿、穀，多玉，多封石。

又东南三十五里，曰从山，其上多松、柏，其下多竹。从水出于其上，潜于其下，其中多三足鳖，枝尾，食之无蛊疾[19]。

又东南三十里，曰婴硜[20]之山，其上多松、柏，其下多

〔5〕槠：音诸；树名，常绿乔木。
〔6〕蝯：通猿。
〔7〕泠：音铃。
〔8〕是和霜鸣：霜降则钟鸣。
〔9〕芧：音序；栎树。
〔10〕蜚：臭虫。
〔11〕若勺：似酒勺形。
〔12〕袟筒：音质雕。
〔13〕机桓：无患子树。
〔14〕轱：音哭。
〔15〕苴：通柤。
〔16〕獜：音吝。
〔17〕駚坌：音央奋；跳跃。
〔18〕不风：不患风疾。
〔19〕蛊疾：疑心病。
〔20〕硜：音真。

梓、櫄。

又东南三十里，曰毕山。帝苑之水出焉，东北流注于潕[21]，其中多水玉，多蛟。其上多㻬琈之玉。

又东南二十里，曰乐马之山。有兽焉，其状如彙，赤如丹火，其名曰𤣪[22]，见则其国大疫。

又东南二十五里，曰葴[23]山。潕水出焉，东南流注于汝水，其中多人鱼，多蛟，多颉[24]。

又东四十里，曰婴山，其下多青雘，其上多金、玉。

又东三十里，曰虎首之山，多苴、椆、椐[25]。

又东二十里，曰婴侯之山，其上多封石，其下多赤锡。

又东五十里，曰大孰之山。杀水出焉，东北流注于潕水，其中多白垩。

又东四十里，曰卑山，其上多桃、李、苴、梓，多纍[26]。

又东三十里，曰倚帝之山，其上多玉，其下多金。有兽焉，状如鼣[27]鼠，白耳白喙，名曰狙[28]如，见则其国有大兵。

又东三十里，曰鲵山，鲵水出于其上，潜于其下，其中多美垩。其上多金，其下多青雘。

又东三十里，曰雅山。澧水出焉，东流注于潕水，其中多大鱼。其上多美桑，其下多苴，多赤金。

又东五十五里，曰宣山。沦水出焉，东南流注于潕水，其中多蛟。其上有桑焉，大五十尺，其枝四衢，其叶大尺余，赤理、黄华、青柎，名曰帝女之桑。

又东四十五里，曰衡山，其上多青雘，多桑，其鸟多鸜鹆。

又东四十里，曰丰山，其上多封石，其木多桑，多羊桃，状如桃而方茎，可以为皮张[29]。

又东七十里，曰妪山，其上多美玉，其下多金，其草多鸡谷。

又东三十里，曰鲜山，其木多楢、杻、苴，其草多亹冬[30]，其阳多金，其阴多铁。有兽焉，其状如膜犬[31]，赤喙、赤目、白尾，见则其邑有火，名曰狢[32]即。

又东三十里，曰皋山，其阳多金，其阴多美石。皋水出焉，

〔21〕潕：音沁；潕水，位于河南省境内。
〔22〕𤣪：音立。
〔23〕葴：音真。
〔24〕颉：音斜；状如青狗。
〔25〕椆、椐：音愁、居；均为树名。
〔26〕纍：音磊；藤树。
〔27〕鼣：音费。
〔28〕狙：音居。
〔29〕皮张：皮肤肿胀，浮肿。
〔30〕亹冬：天门冬。
〔31〕膜犬：一种高大浓毛、性情凶悍的犬类。
〔32〕狢：音移。

东流注于澧水，其中多脃[33]石。

又东二十五里，曰大支之山，其阳多金，其木多榖、柞，无草。

又东五十里，曰区吴之山，其木多苴。

又东五十里，曰声匈之山，其木多榖，多玉，上多封石。

又东五十里，曰大騩之山，其阳多赤金，其阴多砥石。

又东十里，曰踵臼之山，无草木。

又东北七十里，曰历石之山，其木多荆、芑，其阳多黄金，其阴多砥石。有兽焉，其状如狸，而白首虎爪，名曰梁渠，见则其国有大兵。

又东南一百里，曰求山。求水出于其上，潜于其下，中有美赭。其木多苴，多䈼。其阳多金，其阴多铁。

又东二百里，曰丑阳之山，其上多椆、椐。有鸟焉，其状如乌而赤足，名𪈼鵌[34]，可以御火。

又东三百里，曰奥山，其上多柏、杻、橿，其阳多㻬琈之玉。奥水出焉，东流注于瀙水。

又东三十五里，曰服山，其木多苴，其上多封石，其下多赤锡。

又东三百里，曰杳山，其上多嘉荣草，多金、玉。

又东三百五十里，曰几山，其木多楢、檀、杻，其草多香。有兽焉，其状如彘，黄身、白头、白尾，名曰闻𤟹，见则天下大风。

凡荆山之首，自翼望之山至于几山，凡四十八山，三千七百三十二里。其神状皆彘身人首。其祠：毛用一雄鸡祈瘗，婴用一珪，糈用五种之精。禾山，帝也，其祠：太牢之具，羞瘗倒毛[35]，婴用一璧。牛无常[36]。堵山、玉山，冢也，皆倒祠，羞用少牢，婴用吉玉。

中次十二经洞庭山之首，曰篇遇之山，无草木，多黄金。

又东南五十里，曰云山，无草木。有桂竹，甚毒，伤人必

〔33〕脃：通脆。
〔34〕𪈼鵌：音指图。
〔35〕羞瘗倒毛：牲畜倒着埋于地下。
〔36〕牛无常：太牢不必三种牲畜俱全。

死。其上多黄金，其下多瑀琈之玉。

又东南一百三十里，曰龟山，其木多穀、柞、椆、椐，其上多黄金，其下多青雄黄，多扶竹[1]。

又东七十里，曰丙山，多筀竹[2]，多黄金、铜、铁，无木。

又东南五十里，曰风伯之山，其上多金玉，其下多痠[3]石、文石，多铁，其木多柳、杻、檀、楮。其东有林焉，曰莽浮之林，多美木、鸟、兽。

又东一百五十里，曰夫夫之山，其上多黄金，其下多青雄黄，其木多桑、楮，其草多竹、鸡鼓[4]。神于儿居之，其状人身而手操两蛇，常游于江渊，出入有光。

又东南一百二十里，曰洞庭之山，其上多黄金，其下多银、铁，其木多柤、梨、橘、櫾，其草多葌、蘪芜、芍药、芎䓖。帝之二女居之，是常游于江渊。澧沅之风，交潇湘之渊，是在九江之间，出入必以飘风暴雨。是多怪神，状如人而载[5]蛇，左右手操蛇。多怪鸟。

又东南一百八十里，曰暴山，其木多棕、柟、荆、芑、竹、箭、䉋、箘[6]，其上多黄金、玉，其下多文石、铁，其兽多麋、鹿、麂、就[7]。

又东南二百里，曰即公之山，其上多黄金，其下多瑀琈之玉，其木多柳、杻、檀、桑。有兽焉，其状如龟，而白身赤首，名曰蛫[8]，是可以御火。

又东南一百五十九里，曰尧山，其阴多黄垩，其阳多黄金，其木多荆、芑、柳、檀，其草多藷萸、茮。

又东南一百里，曰江浮之山，其上多银、砥、砺，无草木，其兽多豕、鹿。

又东二百里，曰真陵之山，其上多黄金，其下多玉，其木多穀、柞、柳、杻，其草多荣草。

又东南一百二十里，曰阳帝之山，多美铜，其木多橿、杻、檿[9]、楮，其兽多麢、麝。

又南九十里，曰柴桑之山，其上多银，其下多碧，多泠石、

〔1〕扶竹：邛竹，可制手杖。
〔2〕筀竹：筀，音桂；即上文桂竹。
〔3〕痠：音酸。
〔4〕鸡鼓：鸡谷草。
〔5〕载：戴。
〔6〕箘：一种小竹子。
〔7〕就：通鹫；鹰科猛禽。
〔8〕蛫：音鬼。
〔9〕檿：音眼；山桑。

褚，其木多柳、芑、楮、桑，其兽多麋、鹿，多白蛇、飞蛇。

又东二百三十里，曰荣余之山，其上多铜，其下多银，其木多柳、芑，其虫多怪蛇、怪虫。

凡洞庭山之首，自篇遇之山至于荣余之山，凡十五山，二千八百里。其神状皆鸟身而龙首。其祠：毛用一雄鸡、一牝豚钊[10]，糈用稌。凡夫夫之山、即公之山、尧山、阳帝之山皆冢也，其祠：皆肆[11]瘗，祈用酒，毛用少牢，婴用一吉玉。洞庭、荣余山神也，其祠：皆肆瘗，祈酒太牢祠，婴用圭璧十五，五采惠[12]之。

右中经之山，大凡百九十七山，二万一千三百七十一里。

大凡天下名山五千三百七十，居地，大凡六万四千五十六里。

禹曰：天下名山，经五千三百七十山，六万四千五十六里，居地也。言其五臧，盖其余小山甚众，不足记云。天地之东西二万八千里，南北二万六千里，出水之山者八千里，受水者八千里，出铜之山四百六十七，出铁之山三千六百九十。此天地之所分壤树谷[13]也，戈矛之所发也，刀铩之所起也，能者有余，拙者不足。封于太山，禅于梁父，七十二家，得失之数[14]，皆在此内，是谓国用。

右《五臧山经》五篇，大凡一万五千五百三字。

〔10〕钊：音机；切割。
〔11〕肆：陈列，摆设；肆瘗即先陈列牲畜、玉器，然后埋入地下。
〔12〕惠：通绘。
〔13〕分壤树谷：划分疆土，种植庄稼。
〔14〕数：天命。

# 山海经画传 人神异兽录 下

王旭龙◎绘

珍藏版

北京日报出版社

# 卷六

# 海外南经

结匈国人

结匈国在其西南，其为人结匈。

羽民国在其东南，其为人长头，身生羽。一曰在比翼鸟东南，其为人长颊。

《大荒南经》：有羽民之国，其民皆生毛羽。

# 二八神

有神人二八，连臂，为帝司夜于此野。在羽民东。其为人小颊赤肩。

# 讙头国人

讙头国在其南，其为人人面有翼，鸟喙，方捕鱼。一曰在毕方东。或曰讙朱国。

《大荒南经》：有人焉，鸟喙，有翼，方捕鱼于海。大荒之中，有人名曰驩头。鲧妻士敬，士敬子曰炎融，生驩头。驩头人面鸟喙，有翼，食海中鱼，杖翼而行。维宜芑苣，穋杨是食。有驩头之国。

鲧：音滚。
芑苣：音起巨，黑色谷物。
穋：音求，黑色谷物。

厌火国在其南，其为人兽身黑色，火出其口中。一日在讙朱东。

三苗国人

三苗国在赤水东，其为人相随。一曰三毛国。

臷国在其东，其为人黄，能操弓射蛇。一曰臷国在三毛东。

臷：音至。

贯匈国在其东，其为人匈有窍。一曰在𢧀国东。

交胫国人

交胫国在其东，其为人交胫。一曰在穿匈东。

## 不死民

不死民在其东，其为人黑色，寿，不死。一曰在穿匈国东。

《大荒南经》：有不死之国，阿姓，甘木是食。

反舌国人

反舌国在其东，其为人反舌。一曰支舌国，在不死民东。

# 羿

羿与凿齿战于寿华之野，羿射杀之。在昆仑虚东。羿持弓矢，凿齿持盾。一曰戈。

凿齿

# 三首国人

三首国在其东，其为人一身三首。一曰在凿齿东。

# 周饶国人

周饶国在其东，其为人短小，冠带。一曰焦饶国在三首东。

## 长臂国人

长臂国在其东，捕鱼水中，两手各操一鱼。一曰在焦侥东，捕鱼海中。

南方祝融，兽身人面，乘两龙。

# 海外南经

## 原文

地之所载，六合[1]之间，四海之内，照之以日月，经之以星辰，纪之以四时，要之以太岁[2]，神灵所生，其物异形，或夭或寿，唯圣人能通其道。

海外自西南陬[3]至东南陬者。

结匈[4]国在其西南，其为人结匈。

南山在其东南。自此山来，虫为蛇，蛇号为鱼。一曰南山在结匈东南。

比翼鸟在其东，其为鸟青、赤，两鸟比翼。一曰在南山东。

羽民国在其东南，其为人长头，身生羽。一曰在比翼鸟东南，其为人长颊[5]。

有神人二八，连臂，为帝司夜[6]于此野。在羽民东。其为人小颊赤肩。

毕方鸟在其东，青水西，其为鸟一脚。一曰在二八神东。

讙头国在其南，其为人人面有翼，鸟喙，方[7]捕鱼。一曰在毕方东。或曰讙朱国。

厌火国在其南，其为人兽身黑色，火出其口中。一曰在讙朱东。

三珠树在厌火北，生赤水上，其为树如柏，叶皆为珠。一曰其为树若彗[8]。

三苗国在赤水东，其为人相随[9]。一曰三毛国。

䓆[10]国在其东，其为人黄，能操弓射蛇。一曰䓆国在三毛东。

贯匈国在其东，其为人匈有窍。一曰在䓆国东。

交胫[11]国在其东，其为人交胫。一曰在穿

〔1〕六合：四方上下即为六合。
〔2〕要之以太岁：凭木星的运行来记年。
〔3〕陬：隅，角落。
〔4〕结匈：匈，通胸；或为鸡胸之意。
〔5〕颊：面颊，脸两侧的部位。
〔6〕司夜：管理夜晚。
〔7〕方：正在。
〔8〕为树若彗：树的形状像扫把；彗，即彗星，俗称扫把星。
〔9〕为人相随：人们彼此跟随，像要远徙的样子。
〔10〕䓆：音至。
〔11〕交胫：小腿相交。

匈[12]东。

不死民在其东，其为人黑色，寿，不死。一曰在穿匈国东。

反舌国在其东，其为人反舌。一曰支舌国，在不死民东。

昆仑虚在其东，虚四方。一曰在反舌东，为虚四方。

羿与凿齿战于寿华之野，羿射杀之。在昆仑虚东。羿持弓矢，凿齿持盾。一曰戈。

三首国在其东，其为人一身三首。一曰在凿齿东。

周饶国在其东，其为人短小，冠带[13]。一曰焦侥[14]国在三首东。

长臂国在其东，捕鱼水中，两手各操一鱼。一曰在焦侥东，捕鱼海中。

狄山，帝尧葬于阳，帝喾[15]葬于阴。爰有熊、罴、文虎、蜼、豹、离朱[16]、视肉[17]。吁咽[18]、文王皆葬其所。一曰汤山。一曰爰有熊、罴、文虎、蜼、豹、离朱、鸱久[19]、视肉、虖交。

有范林方三百里。

南方祝融，兽身人面，乘两龙。

〔12〕穿匈：即贯匈。

〔13〕冠带：戴着帽子，系着腰带。

〔14〕焦侥：即周饶，都是“侏儒”的转声。

〔15〕喾：音酷。

〔16〕离朱：或为三足乌。

〔17〕视肉：形如牛肝有二目，割去它的肉可重新生长。

〔18〕吁咽：或为帝舜。

〔19〕鸱久：或为鸺鹠。

# 卷七

# 海外西经

灭蒙鸟在结匈国北，为鸟青，赤尾。

# 夏后启

大乐之野，夏后启于此儛九代，乘两龙，云盖三层。左手操翳，右手操环，佩玉璜。在大运山北。一曰大遗之野。

儛九代：儛，通舞；九代为乐曲名。
翳：音义；伞盖。

三身国在夏后启北，一首而三身。

《大荒南经》：大荒之中，有不庭之山，荣水穷焉。有人三身，帝俊妻娥皇，生此三身之国，姚姓，黍食，使四鸟。

一臂国人

一臂国在其北，一臂、一目、一鼻孔。

有黄马，虎文，一目而一手。

黄马

# 奇肱国人

奇肱之国在其北。其人一臂三目，有阴有阳，乘文马。有鸟焉，两头，赤黄色，在其旁。

奇肱：音机公。

维鸟

鸾鸟、鹪鸟，其色青黄，所经国亡。在女祭北。鸾鸟人面，居山上。一曰维鸟，青鸟、黄鸟所集。

鸾：音次。
鹪：音詹。

黄帝

刑天与帝至此争神，帝断其首，葬之常羊之山。乃以乳为目，以脐为口，操干戚以舞。

干戚：盾牌和大斧。

女祭、女薎在其北，居两水间。薎操鱼䱇，祭操俎。

薎：音蔑。
䱇：酒器。
俎：肉案。

女蔑

丈夫国人

丈夫国在维鸟北，其为人衣冠带剑。

# 女丑之尸

女丑之尸，生而十日炙杀之。在丈夫北。以右手鄣其面。十日居上，女丑居山之上。

《大荒西经》：有人衣青，以袂蔽面，名曰女丑之尸。

鄣：通障，遮挡。

# 并封

并封在巫咸东，其状如彘，前后皆有首，黑。

## 女子国人

女子国在巫咸北，两女子居，水周之。一曰居一门中。

# 轩辕国人

轩辕之国在穷山之际，其不寿者八百岁。在女子国北。人面蛇身，尾交首上。

此诸沃之野，沃民是处。鸾鸟自歌，凤鸟自舞；凤皇卵，民食之；甘露，民饮之，所欲自从也。百兽相与群居。在四蛇北。其人两手操卵食之，两鸟居前导之。

龙鱼陵居在其北，状如鲤。一曰鰕。即有神圣乘此以行九野。

鰕：音虾，体型大的鲵鱼。

# 白民国人

白民之国在龙鱼北，白身被发。

《大荒东经》：有白民之国。帝俊生帝鸿，帝鸿生白民，白民销姓，黍食，使四鸟：虎、豹、熊、罴。

有乘黄，其状如狐，其背上有角，乘之寿二千岁。

## 肃慎国人

肃慎之国在白民北，有树名曰雒棠，圣人代立，于此取衣。

长股之国在雒棠北，被发。一曰长脚。

# 海外西经

## 原文

海外自西南陬至西北陬者。

灭蒙鸟在结匈国北，为鸟青，赤尾。

大运山高三百仞，在灭蒙鸟北。

大乐之野，夏后启于此儛九代[1]，乘两龙，云盖三层。左手操翳[2]，右手操环，佩玉璜[3]。在大运山北。一曰大遗之野。

三身国在夏后启北，一首而三身。

一臂国在其北，一臂、一目、一鼻孔。有黄马，虎文，一目而一手。

奇肱[4]之国在其北。其人一臂三目，有阴有阳，乘文马。有鸟焉，两头，赤黄色，在其旁。

刑天与帝至此争神，帝断其首，葬之常羊之山。乃以乳为目，以脐为口，操干戚[5]以舞。

女祭、女薎[6]在其北，居两水间。薎操鱼觛[7]，祭操俎[8]。

𪄻[9]鸟、䳢[10]鸟，其色青黄，所经国亡。在女祭北。𪄻鸟人面，居山上。一曰维鸟，青鸟、黄鸟所集。

丈夫国在维鸟北，其为人衣冠带剑。

女丑之尸，生而十日炙[11]杀之。在丈夫北。以右手鄣[12]其面。十日居上，女丑居山之上。

巫咸国在女丑北，右手操青蛇，左手操赤蛇。在登葆山，群巫所从上下也。

并封在巫咸东，其状如彘，前后皆有首，黑。

女子国在巫咸北，两女子居，水周之。一曰居一门中。

轩辕之国在穷山之际，其不寿者八百岁。在女子

〔1〕儛九代：儛，通舞；九代为乐曲名。
〔2〕翳：音义；伞盖。
〔3〕璜：玉器。
〔4〕奇肱：音机公。
〔5〕干戚：盾牌和大斧。
〔6〕薎：音蔑。
〔7〕觛：酒器。
〔8〕俎：肉案。
〔9〕𪄻：音次。
〔10〕䳢：音詹。
〔11〕炙：炙烤。
〔12〕鄣：通障；遮挡。

国北。人面蛇身，尾交首上。

穷山在其北，不敢西射，畏轩辕之丘。在轩辕国北。其丘方，四蛇相绕。

诸沃之野，沃民是处。鸾鸟自歌，凤鸟自舞；凤皇卵，民食之；甘露，民饮之，所欲自从也。百兽相与群居。在四蛇北。其人两手操卵食之，两鸟居前导之。

龙鱼陵居在其北，状如鲤。一曰鰕[13]。即有神圣乘此以行九野。一曰鳖鱼在沃野北，其为鱼也如鲤。

白民之国在龙鱼北，白身被[14]发。有乘黄，其状如狐，其背上有角，乘之寿二千岁。

肃慎之国在白民北，有树名曰雒棠，圣人代立，于此取衣[15]。

长股之国在雒棠北，被发。一曰长脚。

西方蓐收，左耳有蛇，乘两龙。

〔13〕鰕：音虾；体型大的鲵鱼。

〔14〕被：通披，披散。

〔15〕于此取衣：用雒棠树皮做衣服。

# 卷八

# 海外北经

无启国人

无启之国在长股东，为人无启。

启：后代。

烛阴

钟山之神，名曰烛阴，视为昼，瞑为夜，吹为冬，呼为夏，不饮，不食，不息，息为风。身长千里。在无启之东。其为物，人面，蛇身，赤色，居钟山下。

《大荒北经》：西北海之外，赤水之北，有章尾山。有神，人面蛇身而赤，身长千里，直目正乘，其瞑乃晦，其视乃明，不食不寝不息，风雨是谒。是烛九阴，是谓烛龙。

瞑：闭眼。
息：气息。
谒：通噎，吞食。

# 一目国人

一目国在其东，一目中其面而居。一曰有手足。

相柳氏

共工之臣曰相柳氏，九首，以食于九山。相柳之所抵，厥为泽溪。禹杀相柳，其血腥，不可以树五谷种。禹厥之，三仞三沮，乃以为众帝之台。在昆仑之北，柔利之东。相柳者，九首人面，蛇身而青。不敢北射，畏共工之台。台在其东。台四方，隅有一蛇，虎色，首冲南方。

《大荒北经》：共工之臣名曰相繇，九首蛇身，自环，食于九土；其所歍所尼，即为源泽，不辛乃苦，百兽莫能处。禹湮洪水，杀相繇，其血腥臭，不可生谷，其地多水，不可居也。禹湮之，三仞三沮，乃以为池，群帝因是以为台。在昆仑之北。

抵：接触，经过。
厥：通撅；挖掘。
歍：音巫；呕吐。
尼：停留，止息。
湮：堵塞。
仞：通牣；填充。
沮：塌陷。

禹

## 柔利国人

柔利国在一目东，为人一手一足，反膝，曲足居上。一云留利之国，人足反折。

深目国在其东，为人深目，举一手。一曰在共工台东。

《大荒北经》：有人方食鱼，名曰深目民之国，昐姓，食鱼。

## 无肠国人

无肠之国在深目东，其为人长而无肠。

《大荒北经》：又有无肠之国，是任姓。无继子，食鱼。

## 聂耳国人

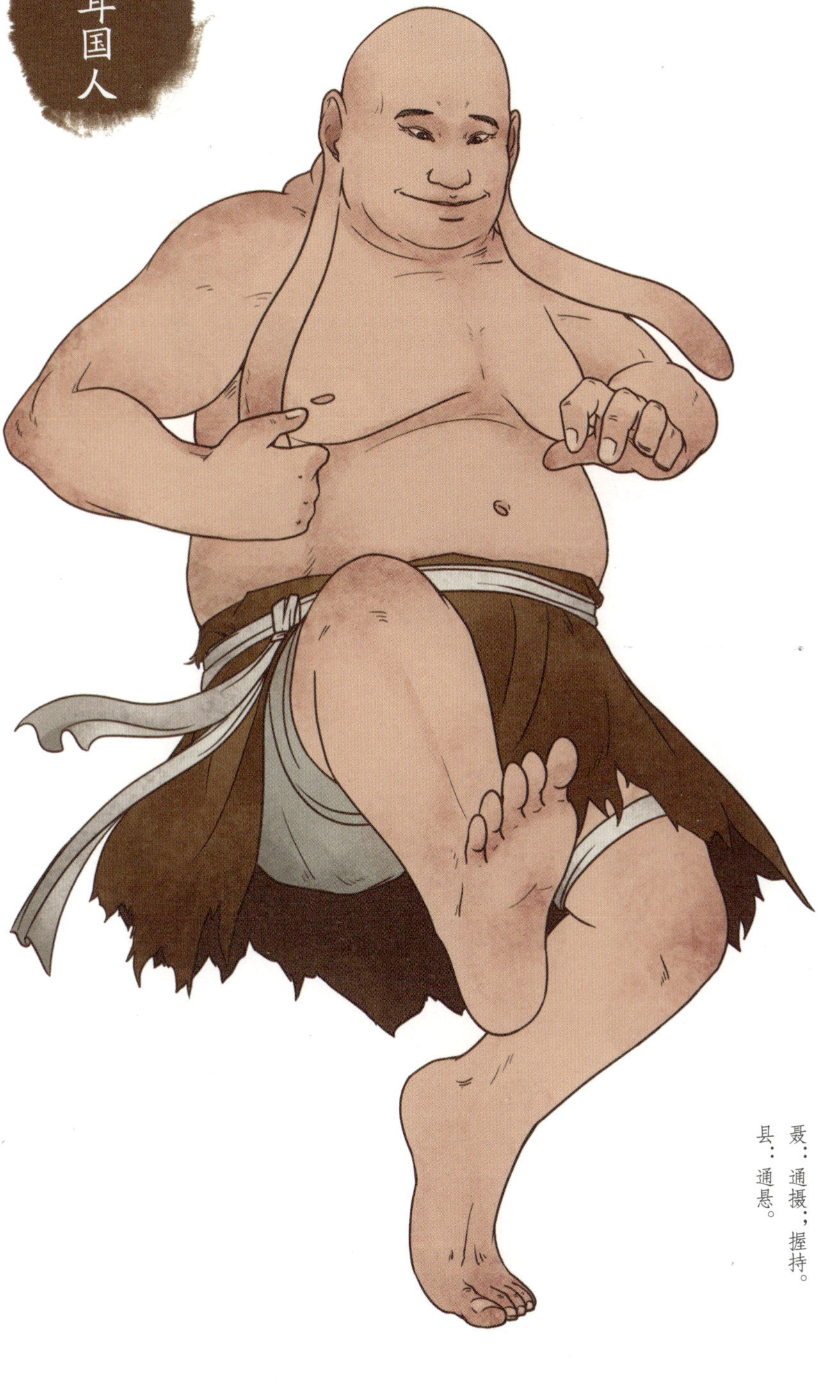

聂耳之国在无肠国东，使两文虎，为人两手聂其耳。县居海水中，及水所出入奇物。两虎在其东。

聂：通摄，握持。
县：通悬。

# 夸父

夸父与日逐走，入日。渴欲得饮，饮于河渭，河渭不足，北饮大泽。未至，道渴而死。弃其杖，化为邓林。

夸父国在聂耳东，其为人大，右手操青蛇，左手操黄蛇。邓林在其东，二树木。一曰博父。

《大荒北经》：大荒之中，有山名曰成都载天。有人珥两黄蛇，把两黄蛇，名曰夸父。后土生信，信生夸父。夸父不量力，欲追日景，逮之于禺谷。将饮河而不足也，将走大泽，未至，死于此。应龙已杀蚩尤，又杀夸父，乃去南方处之，故南方多雨。

景：通影。

夸父国人

# 拘缨国人

拘缨之国在其东，一手把缨。一曰利缨之国。

跂踵国在拘缨东，其为人大，两足亦大。一曰大踵。

欧丝之野在大踵东，一女子跪据树欧丝。

欧：通呕，吐出。

欧丝女

北海内有兽，其状如马，名曰騊駼。

騊駼：音淘涂。

北海：有兽焉，其名曰驳，状如白马，锯牙，食虎、豹。

北海：有素兽焉，状如马，名曰蛩蛩。

北海：有青兽焉，状如虎，名曰罗罗。

禺彊

北方禺彊，人面鸟身，珥两青蛇。践两青蛇。

《大荒北经》：北海之渚中，有神，人面鸟身，珥两青蛇，践两赤蛇，名曰禺强。

# 海外北经

原文

海外自西北陬至东北陬者。

无启[1]之国在长股东，为人无启。

钟山之神，名曰烛阴，视为昼，瞑[2]为夜，吹为冬，呼为夏，不饮，不食，不息，息[3]为风。身长千里。在无启之东。其为物，人面，蛇身，赤色，居钟山下。

一目国在其东，一目中其面而居。一曰有手足。

柔利国在一目东，为人一手一足，反膝，曲足居上。一云留利之国，人足反折。

共工之臣曰相柳氏，九首，以食于九山。相柳之所抵[4]，厥[5]为泽溪。禹杀相柳，其血腥，不可以树五谷种。禹厥之，三仞[6]三沮[7]，乃以为众帝之台。在昆仑之北，柔利之东。相柳者，九首人面，蛇身而青。不敢北射，畏共工之台。台在其东。台四方，隅有一蛇，虎色，首冲南方。

深目国在其东，为人深目，举一手。一曰在共工台东。

无肠之国在深目东，其为人长而无肠。

聂[8]耳之国在无肠国东，使两文虎，为人两手聂其耳。县[9]居海水中，及水所出入奇物。两虎在其东。

夸父与日逐走，入日。渴欲得饮，饮于河渭，河渭不足，北饮大泽。未至，道渴而死。弃其杖，化为邓林。

夸父国在聂耳东，其为人大，右手操青蛇，左手操黄蛇。邓林在其东，二树木。一曰博父。

禹所积石之山在其东，河水所入。

〔1〕启：后代。
〔2〕瞑：闭眼。
〔3〕息：气息。
〔4〕抵：接触，经过。
〔5〕厥：通撅；挖掘。
〔6〕仞：通牣；填充。
〔7〕沮：塌陷。
〔8〕聂：通摄；握持。
〔9〕县：通悬。

拘缨之国在其东，一手把缨。一曰利缨之国。

寻木长千里，在拘缨南，生河上西北。

跂踵国在拘缨东，其为人大，两足亦大。一曰大踵。

欧丝之野在大踵东，一女子跪据树欧[10]丝。

三桑无枝，在欧丝东，其木长百仞，无枝。

范林方三百里，在三桑东，洲环其下。

务隅之山，帝颛顼[11]葬于阳，九嫔葬于阴。一曰爰有熊、罴、文虎、离朱、鸱久、视肉。

平丘在三桑东，爰有遗玉、青马、视肉、杨柳、甘柤、甘华，百果所生。有两山夹上谷，二大丘居中，名曰平丘。

北海内有兽，其状如马，名曰騊駼[12]。有兽焉，其名曰駮，状如白马，锯牙，食虎、豹。有素兽焉，状如马，名曰蛩蛩[13]。有青兽焉，状如虎，名曰罗罗。

北方禺彊[14]，人面鸟身，珥两青蛇。践两青蛇。

〔10〕欧：通呕；吐出。
〔11〕颛顼：音专虚。
〔12〕騊駼：音淘涂。
〔13〕蛩：音琼。
〔14〕禺彊：彊，音强；即水神。

# 卷九

# 海外东经

# 大人国人

大人国在其北，为人大，坐而削船。一曰在䃁丘北。

《大荒东经》：有波谷山者，有大人之国。有大人之市，名曰大人之堂。有一大人踆其上，张其两耳。

《大荒北经》：有大人之国，厘姓，黍食。

削：音稍，划船。

䃁：音接。

踆：通蹲。

厘：音西，通僖。

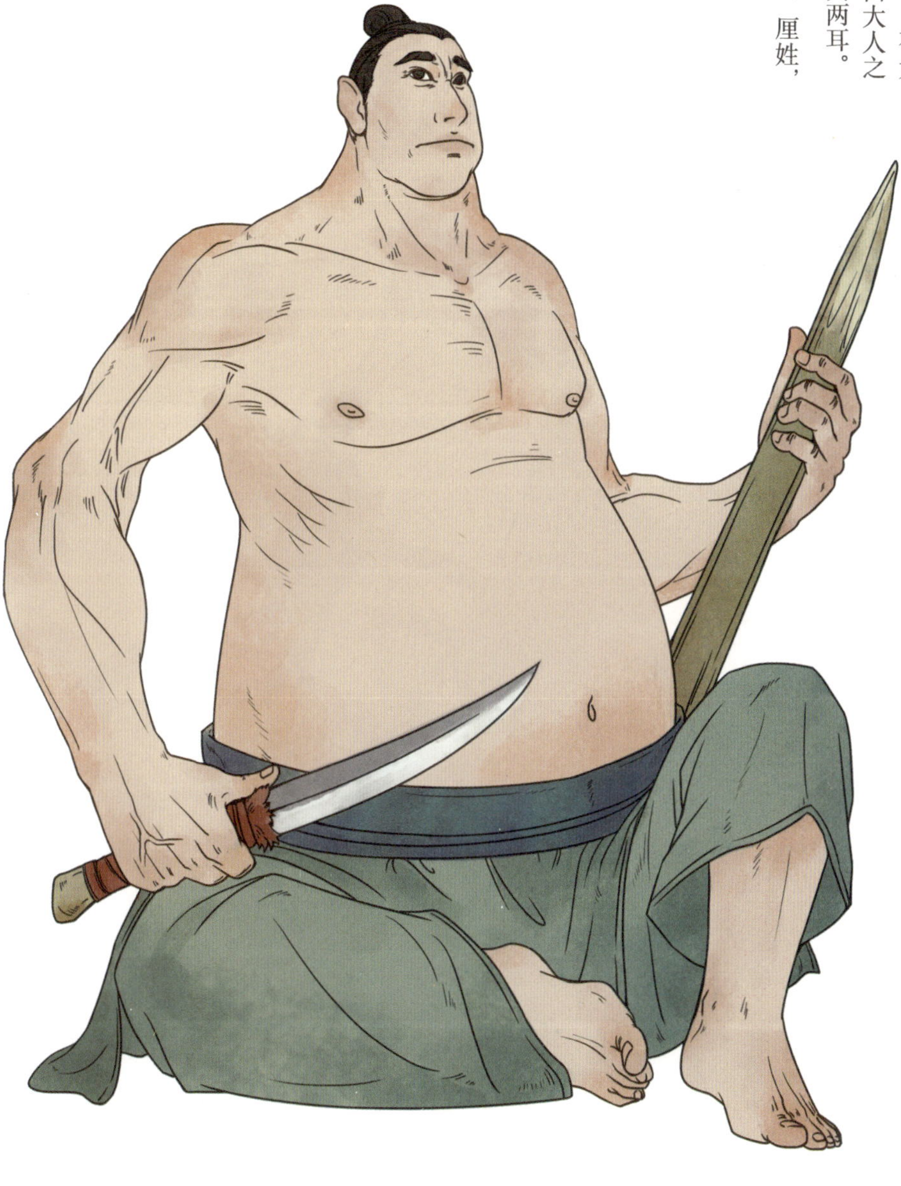

奢比之尸

奢比之尸在其北，兽身、人面、大耳，珥两青蛇。一曰肝榆之尸在大人北。

《大荒东经》：有神，人面、犬耳、兽身，珥两青蛇，名曰奢比尸。

君子国在其北，衣冠带剑，食兽，使二大虎在旁，其人好让不争。

《大荒东经》：有东口之山。有君子之国，其人衣冠带剑。

# 䖵䖵

䖵䖵在其北，各有两首。一曰在君子国北。

䖵：音虹。

帝命竖亥步，自东极至于西极，五亿十选九千八百步。竖亥右手把算，左手指青丘北。一曰禹令竖亥。一曰五亿十万九千八百步。

步：脚步丈量。
选：音算；量词，万。
算：通算；计数用的筹码。

朝阳之谷，神曰天吴，是为水伯。在䖝䖝北两水间。其为兽也，八首人面，八足八尾，背青黄。

《大荒东经》：有神人，八首人面，虎身十尾，名曰天吴。

天吴

黑齿国在其北，为人黑，食稻啖蛇，一赤一青，在其旁。一曰在竖亥北，为人黑首，食稻使蛇，其一蛇赤。

《大荒东经》：有黑齿之国。帝俊生黑齿，姜姓，黍食，使四鸟。

黑齿国人

雨师妾在其北，其为人黑，两手各操一蛇，左耳有青蛇，右耳有赤蛇。一曰在十日北，为人黑身人面，各操一龟。

# 玄股国人

玄股之国在其北，其为人黑，衣鱼食鸥。两鸟夹之。一曰在雨师妾北。

《大荒东经》：有国曰玄股，黍食，使四鸟。

鸥：音优，海鸟。

毛民之国在其北，为人身生毛。一曰在玄股北。

《大荒北经》：有毛民之国，依姓，食黍，使四鸟。禹生均国，均国生役采，役采生修鞈，修鞈杀绰人。帝念之，潜为之国，是此毛民。

鞈：音革。

# 劳民国人

劳民国在其北，其为人黑。或曰教民。一曰在毛民北，为人面目手足尽黑。

东方句芒，鸟身人面，乘两龙。

句：音勾。

# 海外东经

## 原文

海外自东南陬至东北陬者。

𧿹[1]丘，爰有遗玉、青马、视肉、杨桃、甘柤、甘华。甘果所生，在东海。两山夹丘，上有树木。一曰嗟丘。一曰百果所在，在尧葬东。

大人国在其北，为人大，坐而削船[2]。一曰在𧿹丘北。

奢比之尸在其北，兽身、人面、大耳，珥两青蛇。一曰肝榆之尸在大人北。

君子国在其北，衣冠带剑，食兽，使二大虎在旁，其人好让不争。有薰华草，朝生夕死。一曰在肝榆之尸北。

䖯䖯[3]在其北，各有两首。一曰在君子国北。

朝阳之谷，神曰天吴，是为水伯。在䖯䖯北两水间。其为兽也，八首人面，八足八尾，背青黄。

青丘国在其北，其人食五谷，衣丝帛。其狐四足九尾。一曰在朝阳北。

帝命竖亥步[4]，自东极至于西极，五亿十选[5]九千八百步。竖亥右手把算[6]，左手指青丘北。一曰禹令竖亥。一曰五亿十万九千八百步。

黑齿国在其北，为人黑，食稻啖蛇，一赤一青，在其旁。一曰在竖亥北，为人黑首，食稻使蛇，其一蛇赤。

下有汤谷。汤谷上有扶桑，十日所浴，在黑齿北。居水中，有大木，九日居下枝，一日居上枝。

雨师妾在其北，其为人黑，两手各操一蛇，左耳有青蛇，右耳有赤蛇。一曰在十日北，为人黑身人面，各操一龟。

〔1〕𧿹：音接。
〔2〕削船：削，通梢；削船即划船。
〔3〕䖯：音虹。
〔4〕步：脚步丈量。
〔5〕选：音算；量词，万。
〔6〕算：通算；计数用的筹码。

玄股之国在其北，其为人黑，衣鱼食鴎[7]。两鸟夹之。一曰在雨师妾北。

毛民之国在其北，为人身生毛。一曰在玄股北。

劳民国在其北，其为人黑。或曰教民。一曰在毛民北，为人面目手足尽黑。

东方句[8]芒，鸟身人面，乘两龙。

〔7〕鴎：音优；海鸟。

〔8〕句：音勾。

卷十

# 海内南经

枭阳国在北朐之西，其为人人面长唇，黑身有毛，反踵，见人则笑，左手操管。

兕

兕在舜葬东，湘水南，其状如牛，苍黑，一角。

兕：音寺。

狌狌西北有犀牛，其状如牛而黑。

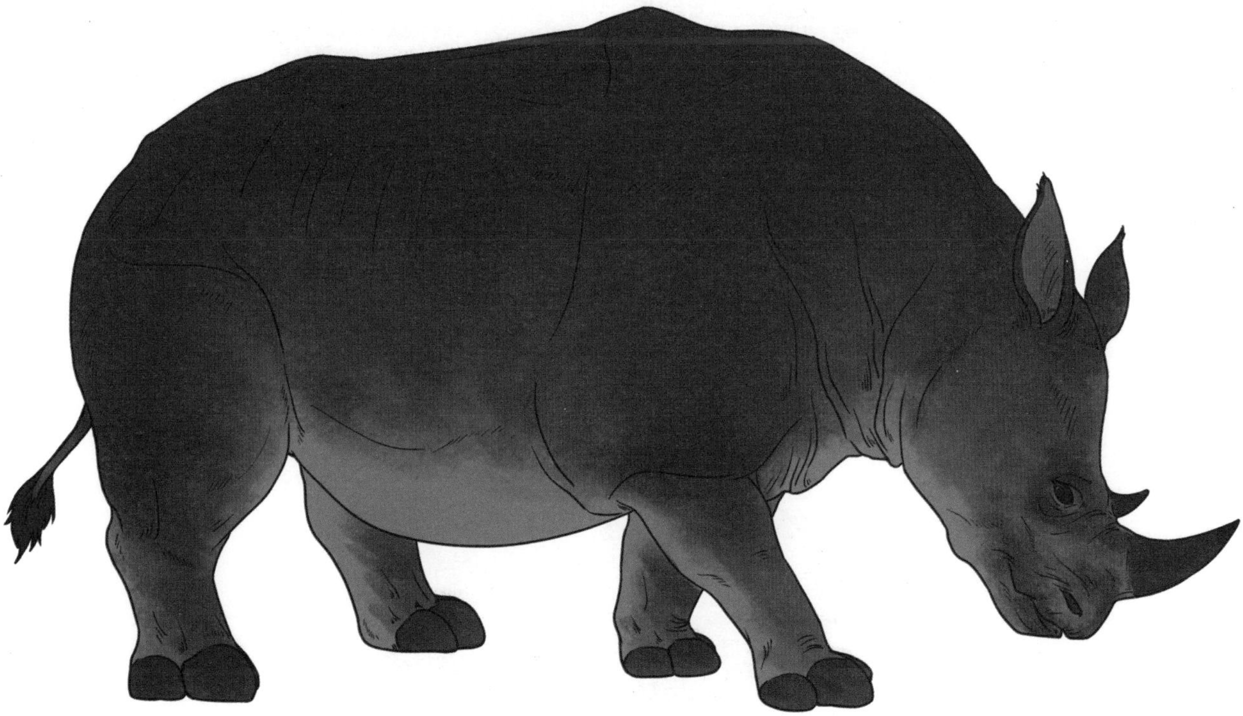

犀牛

## 孟涂

夏后启之臣曰孟涂，是司神于巴，巴人讼于孟涂之所，其衣有血者乃执之。是请生。居山上，在丹山西。丹山在丹阳南，丹阳居属也。

氐人国在建木西，其为人人面而鱼身，无足。

氐：音底。

# 巴蛇

巴蛇食象，三岁而出其骨，君子服之，无心腹之疾。其为蛇青黄赤黑。一曰黑蛇青首，在犀牛西。

《海内经》：又有朱卷之国。有黑蛇，青首，食象。

旄马，其状如马，四节有毛，在巴蛇西北，高山南。

旄马

# 海内南经

原文

海内东南陬以西者。

瓯[1]居海中。闽在海中，其西北有山。一曰闽中山在海中。

三天子鄣[2]山在闽西海北。一曰在海中。

桂林八树在番隅东。

伯虑国、离耳国、雕题国、北朐[3]国皆在郁水南。郁水出湘陵南海。一曰相虑。

枭阳国在北朐之西，其为人人面长唇，黑身有毛，反踵，见人则笑，左手操管。

兕在舜葬东，湘水南，其状如牛，苍黑，一角。

苍梧之山，帝舜葬于阳，帝丹朱葬于阴。

氾林方三百里，在狌狌东。

狌狌知人名，其为兽如豕而人面，在舜葬西。

狌狌西北有犀牛，其状如牛而黑。

夏后启之臣曰孟涂，是司神于巴，巴人讼[4]于孟涂之所，其衣有血者乃执[5]之。是请生[6]。居山上，在丹山西。丹山在丹阳南，丹阳居属也。

窫窳龙首，居弱水中，在狌狌知人名之西，其状如貙[7]，龙首，食人。

有木，其状如牛，引之有皮[8]，若缨、黄蛇[9]。其叶如罗[10]，其实如栾[11]，其木若苉[12]，其名曰建木。在窫窳西弱水上。

氐[13]人国在建木西，其为人人面而鱼身，无足。

巴蛇食象，三岁而出其骨，君子服之，无心腹之疾。其为蛇青黄赤黑。一曰黑蛇青首，在犀牛西。

旄马[14]，其状如马，四节有毛，在巴蛇西北，高山南。

〔1〕瓯：古地名，今浙江省温州一带。
〔2〕三天子鄣：山名。
〔3〕朐：音渠。
〔4〕讼：打官司。
〔5〕执：拘禁。
〔6〕请生：好生之德。
〔7〕貙：音初。
〔8〕引之有皮：牵引它就有皮掉下来。
〔9〕若缨、黄蛇：像缨带又像黄蛇。
〔10〕罗：罗网。
〔11〕栾：栾木的果实。
〔12〕苉：音欧；刺榆树。
〔13〕氐：音底。
〔14〕旄马：髦马。

# 卷十一

# 海内西经

昆仑南渊深三百仞。开明兽身大类虎而九首，皆人面，东向立昆仑上。

开明东有巫彭、巫抵、巫阳、巫履、巫凡、巫相，夹窫窳之尸，皆操不死之药以距之。窫窳者，蛇身人面，贰负臣所杀也。

《海内经》：有窫窳，龙首，是食人。

窫窳

# 三头人

服常树，其上有三头人，伺琅玕树。

开明南有树鸟，六首；蛟、蝮、蛇、蜼、豹、鸟秩树，于表池树木，诵鸟、鹎、视肉。

树鸟：《大荒西经》中有蠋鸟，六首，疑为树鸟；六首蛟为作者另一种理解。

树鸟

六首蛟

# 海内西经

## 原文

海内西南陬以北者。

后稷之葬，山水环之。在氐国[1]西。

流黄酆[2]氏之国，中[3]方三百里，有涂[4]四方，中有山。在后稷葬西。

流沙出钟山，西行又南行昆仑之虚，西南入海，黑水之山。

国在流沙中者埻[5]端、玺唤[6]，在昆仑虚东南。一曰海内之郡，不为郡县，在流沙中。

国在流沙外者大夏、竖沙、居繇、月支之国。

西胡白玉山在大夏东，苍梧在白玉山西南，皆在流沙西，昆仑虚东南。昆仑山在西胡西。皆在西北。

海内昆仑之虚，在西北，帝之下都。昆仑之虚，方八百里，高万仞。上有木禾，长五寻[7]，大五围[8]。面有九井，以玉为槛[9]。面有九门，门有开明兽守之，百神之所在。在八隅之岩，赤水之际，非仁羿[10]莫能上冈之岩。

赤水出东南隅，以行其东北，西南流注南海厌火东。

河水出东北隅，以行其北，西南又入渤海，又出海外，即西而北，入禹所导积石山。

洋[11]水、黑水出西北隅，以东，东行，又东北，南入海，羽民南。

弱水、青水出西南隅，以东，又北，又西南，过毕方鸟东。

昆仑南渊深三百仞。开明兽身大类虎而九首，皆人面，东向立昆仑上。

开明西有凤皇、鸾鸟，皆戴蛇践蛇，膺[12]有

〔1〕氐国：即上文氐人国。
〔2〕酆：音丰。
〔3〕中：域中，国土以内。
〔4〕涂：通途；道路。
〔5〕埻：音敦；埻端，古地名。
〔6〕玺唤：音喜唤；古地名。
〔7〕寻：八尺为一寻。
〔8〕围：成年人合抱的长度为一围。
〔9〕槛：音建；栏杆。
〔10〕仁羿：像羿那样的仁德之人。
〔11〕洋：音详。
〔12〕膺：胸口。

赤蛇。

开明北有视肉、珠树、文玉树、琪玗[13]树、不死树。凤皇、鸾鸟皆戴瞂[14]。又有离朱、木禾、柏树、甘水、圣木曼兑，一曰挺木牙交。

开明东有巫彭、巫抵、巫阳、巫履、巫凡、巫相，夹窫窳之尸，皆操不死之药以距之。窫窳者，蛇身人面，贰负臣所杀也。

服常树，其上有三头人，伺琅玕树[15]。

开明南有树鸟，六首；蛟、蝮、蛇、蜼、豹、鸟秩树[16]，于表池树木，诵鸟、鶽[17]、视肉。

蛇巫之山，上有人操柸[18]而东向立。一曰龟山。

西王母梯几[19]而戴胜[20]。其南有三青鸟，为西王母取食。在昆仑虚北。

〔13〕玗琪：玗，音于；赤玉属。

〔14〕瞂：音伐；盾牌。

〔15〕琅玕树：琅玕，音郎甘；果实为珠玉的仙树。

〔16〕鸟秩树：木名。

〔17〕鶽：音笋；雕类猛禽。

〔18〕柸：即杯。

〔19〕梯几：倚靠矮小的桌子。

〔20〕胜：首饰。

# 卷十二

# 海内北经

危

贰负之臣曰危，危与贰负杀窫窳。帝乃梏之疏属之山，桎其右足，反缚两手与发，系之山上木。在开题西北。

有人曰大行伯，把戈。其东有犬封国。贰负之尸在大行伯东。

犬封国曰犬戎国，状如犬。

有文马，缟身朱鬣，目若黄金，名曰吉量，乘之寿千岁。

鬼国在贰负之尸北，为物人面而一目。

鬼国人

# 贰负神

一曰贰负神在其东，为物人面蛇身。

蜪犬如犬，青，食人从首始。

蜪：音陶。

大蜂

大蜂，其状如螽。

朱蛾，其状如蛾。

蟜，其为人虎文，胫有膂。在穷奇东。一曰状如人，昆仑虚北所有。

蟜：音桥。

阘非，人面而兽身，青色。

阘：音踏。

据比之尸，其为人折颈被发，无一手。

环狗，其为人兽首人身。一曰猬状如狗，黄色。

袜，其为物人身黑首从目。

袜：音魅。

戎，其为人人首三角。

戎

林氏国有珍兽，大若虎，五采毕具，尾长于身，名曰驺吾，乘之日行千里。

冰夷

从极之渊，深三百仞，维冰夷恒都焉。冰夷人面，乘两龙。一曰忠极之渊。

冰夷：冯（音平）夷，即河伯。

宵明

舜妻登比氏，生宵明、烛光，处河大泽，二女之灵能照此所方百里。一曰登北氏。

烛光

鸟在貊国东北。其鸟文赤、黄、青，东乡。

貊：音末。

# 海内北经

原文

海内西北陬以东者。

匈奴、开题之国、列人之国并在西北。

贰负之臣曰危，危与贰负杀窫窳。帝乃梏[1]之疏属之山，桎[2]其右足，反缚两手与发，系之山上木。在开题西北。

有人曰大行伯，把戈。其东有犬封国。贰负之尸在大行伯东。

犬封国曰犬戎国，状如犬。有一女子，方跪进杯食[3]。有文马，缟[4]身朱鬣，目若黄金，名曰吉量，乘之寿千岁。

鬼国在贰负之尸北，为物人面而一目。一曰贰负神在其东，为物人面蛇身。

蜪[5]犬如犬，青，食人从首始。

穷奇状如虎，有翼，食人从首始，所食被发。在蜪犬北。一曰从足。

帝尧台、帝喾台、帝丹朱台、帝舜台，各二台，台四方，在昆仑东北。

大蜂，其状如螽[6]；朱蛾，其状如蛾。

蟜[7]，其为人虎文，胫有䏿[8]。在穷奇东。一曰，状如人，昆仑虚北所有。

阘[9]非，人面而兽身，青色。

据比之尸，其为人折颈被发，无一手。

环狗，其为人兽首人身。一曰猬状如狗，黄色。

袜[10]，其为物人身黑首从目[11]。

戎，其为人人首三角。

林氏国有珍兽，大若虎，五采毕具，尾长于身，名曰驺吾，乘之日行千里。

〔1〕梏：刑具，拘禁之意。
〔2〕桎：刑具，用来拘住双脚。
〔3〕跪进杯食：跪在地上，进奉酒食。
〔4〕缟：白色的丝绸织物，代指白色。
〔5〕蜪：音陶。
〔6〕螽：音终；蝗虫。
〔7〕蟜：音桥。
〔8〕胫有䏿：胫，小腿；䏿，强劲的筋。
〔9〕阘：音踏。
〔10〕袜：音魅。
〔11〕从目：竖目。

昆仑虚南所，有氾林方三百里。

从极之渊，深三百仞，维冰夷[12]恒都焉。冰夷人面，乘两龙。一曰忠极之渊。

阳汙[13]之山，河出其中；凌门之山，河出其中。

王子夜之尸，两手、两股、胸、首、齿，皆断异处。

大泽方百里，群鸟所生及所解[14]。在雁门北。

雁门山，雁出其间。在高柳北。

高柳在代北。

舜妻登比氏，生宵明、烛光，处河大泽，二女之灵能照此所方百里。一曰登北氏。

东胡在大泽东。

夷人在东胡东。

貊[15]国在泽水东北。地近于燕，灭之。

孟鸟在貊国东北。其鸟文赤、黄、青，东乡[16]。

〔12〕冰夷：冯（音平）夷，即河伯。

〔13〕汙：音淤。

〔14〕群鸟所生及所解：群鸟生育及换毛的地方。

〔15〕貊：音末。

〔16〕东乡：乡通向，东向即面朝东。

# 卷十三

# 海内东经

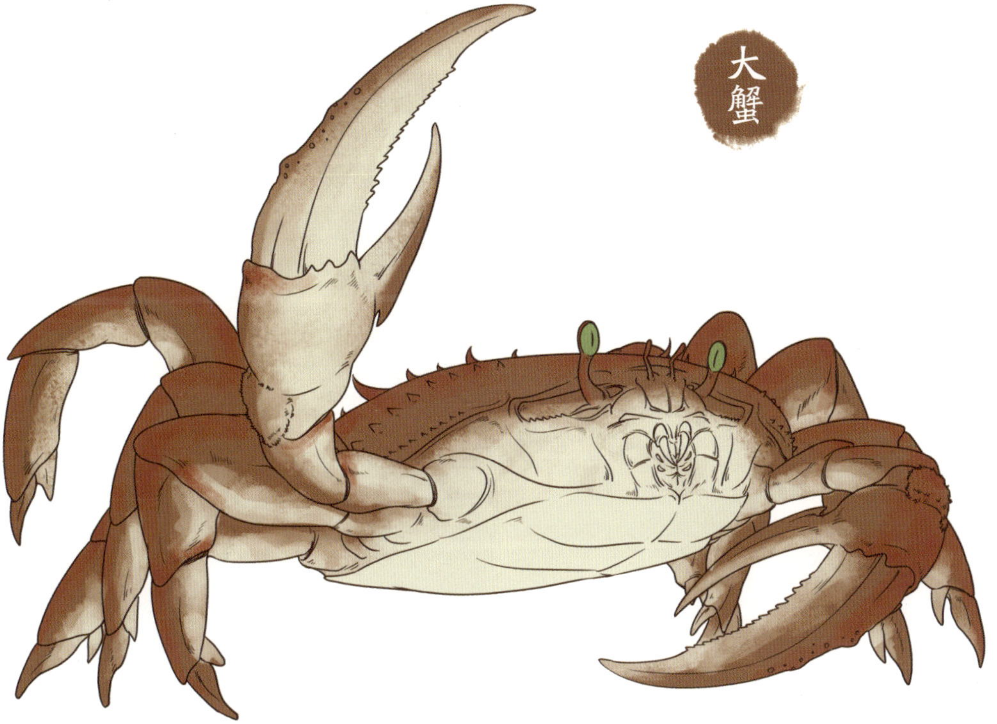


大蟹在海中。

陵鱼

陵鱼人面，手足，鱼身，在海中。

大䱸

大䱸居海中。

雷泽中有雷神，龙身而人头，鼓其腹。在吴西。

雷神

# 海内东经

## 原文

海内东北陬以南者。

钜[1]燕在东北陬。

盖国在钜燕南，倭北。倭属燕。

朝鲜在列阳东，海北山南。列阳属燕。

列姑射[2]在海河州中。

射姑国在海中，属列姑射。西南，山环之。

大蟹在海中。

陵鱼人面，手足，鱼身，在海中。

大鯾[3]居海中。

明组邑[4]居海中。

蓬莱山在海中。

大人之市在海中。

琅邪[5]台在渤海间，琅邪之东。其北有山。一曰在海间。

都州在海中。一曰郁州。

韩雁在海中，都州南。

始鸠在海中，辕厉南。

雷泽中有雷神，龙身而人头，鼓其腹[6]。在吴西。

会[7]稽山在楚南。

〔1〕钜：通巨。
〔2〕列姑射：古国名；射，音夜。
〔3〕鯾：音编。
〔4〕明组邑：海岛上的部落。
〔5〕琅邪：音郎牙。
〔6〕鼓其腹：鼓动腹部便会打雷。
〔7〕会：音快。

# 卷十四

# 大荒东经

东南海之外，甘水之间，有羲和之国，有女子名曰羲和，方日浴于甘渊。羲和者，帝俊之妻，生十日。

有小人国，名靖人。

小人国人

犁䰱之尸

有神，人面兽身，名曰犁䰱之尸。

䰱：音灵。

# 蒍国人

有蒍国，黍食，使四鸟：虎、豹、熊、罴。

蒍：音伟。

有中容之国。帝俊生中容，中容人食兽、木实，使四鸟：豹、虎、熊、罴。

# 司幽国人

有司幽之国。帝俊生晏龙，晏龙生司幽。司幽生思士，不妻；思女，不夫。食黍，食兽，是使四鸟。

有柔仆民，是唯嬴土之国。

大荒之中，有山名曰鞠陵于天、东极、离瞀，日月所出。有神名曰折丹——东方曰折，来风曰俊——处东极以出入风。

瞀：音冒。

折丹

# 禺䝞

东海之渚中，有神，人面鸟身，珥两黄蛇，践两黄蛇，名曰禺䝞，黄帝生禺䝞。禺䝞生禺京。禺京处北海，禺䝞处东海，是为海神。

有人曰王亥，两手操鸟，方食其头。王亥托于有易、河伯仆牛。有易杀王亥，取仆牛。河伯念有易，有易潜出，为国于兽，方食之，名曰摇民。帝舜生戏，戏生摇民。

王亥

有易之君
绵臣

摇民国人

# 五采鸟

有五采之鸟，相乡弃沙。惟帝俊下友。帝下两坛，采鸟是司。

弃沙：字义不详，或是媻娑（婆娑）之讹误，盘旋而舞之貌。

鹓

有女和月母之国。有人名曰鹓——北方曰鹓，来之风曰狻——是处东极隅以止日月，使无相间出，司其短长。

鹓：音婉。
狻：音演。

海中有流波山，入海七千里。其上有兽，状如牛，苍身而无角，一足，出入水则必风雨，其光如日月，其声如雷，名曰夔。黄帝得之，以其皮为鼓，橛以雷兽之骨，声闻五百里，以威天下。

大荒东北隅中，有山名曰凶犁土丘。应龙处南极，杀蚩尤与夸父，不得复上，故下数旱。旱而为应龙之状，乃得大雨。

应龙

蚩尤

# 大荒东经

原文

东海之外大壑，少昊之国。少昊孺[1]帝颛顼于此，弃其琴瑟[2]。

有甘山者，甘水出焉，生甘渊。

东南海之外，甘水之间，有羲和之国，有女子名曰羲和，方浴日于甘渊。羲和者，帝俊之妻，生十日。

大荒东南隅有山，名皮母地丘。

东海之外，大荒之中，有山名曰大言，日月所出。

有波谷山者，有大人之国。有大人之市，名曰大人之堂。有一大人踆[3]其上，张其两耳。

有小人国，名靖人。

有神，人面兽身，名曰犁䰠[4]之尸。

有潏[5]山，杨水出焉。

有蒍[6]国，黍食，使四鸟：虎、豹、熊、罴。

大荒之中，有山名曰合虚，日月所出。

有中容之国。帝俊生中容，中容人食兽、木实[7]，使四鸟：豹、虎、熊、罴。

有东口之山。有君子之国，其人衣冠带剑。

有司幽之国。帝俊生晏龙，晏龙生司幽。司幽生思士，不妻；思女，不夫。食黍，食兽，是使四鸟。

大荒之中，有山名曰明星，日月所出。

有白民之国。帝俊生帝鸿，帝鸿生白民，白民销姓，黍食，使四鸟：虎、豹、熊、罴。

有青丘之国，有狐，九尾。

有柔仆民，是唯嬴土之国。

有黑齿之国。帝俊生黑齿，姜姓，黍食，使四鸟。

有夏州之国。有盖余之国。

有神人，八首人面，虎身十尾，名曰天吴。

〔1〕孺：养育。

〔2〕弃其琴瑟：把颛顼幼年操练过的琴瑟丢在沟壑里。

〔3〕踆：音村，通蹲。

〔4〕䰠：音灵。

〔5〕潏：音决。

〔6〕蒍：音伟。

〔7〕木实：树木的果实。

大荒之中，有山名曰鞠陵于天、东极、离瞀[8]，日月所出。有神名曰折丹——东方曰折，来风曰俊——处东极以出入风。

东海之渚中，有神，人面鸟身，珥两黄蛇，践两黄蛇，名曰禺虢[9]，黄帝生禺虢。禺虢生禺京。禺京处北海，禺虢处东海，是为海神。

有招摇山，融水出焉。有国曰玄股，黍食，使四鸟。

有因民国，勾姓，黍食。有人曰王亥，两手操鸟，方食其头。王亥托于有易、河伯仆牛。有易杀王亥，取仆牛。河伯念有易，有易潜出，为国于兽，方食之，名曰摇民。帝舜生戏，戏生摇民。

海内有两人，名曰女丑。女丑有大蟹。

大荒之中，有山名曰孽摇颓羝[10]。上有扶木，柱[11]三百里，其叶如芥[12]。有谷曰温源谷。汤谷上有扶木，一日方至，一日方出，皆载于鸟。

有神，人面、犬耳、兽身，珥两青蛇，名曰奢比尸。

有五采之鸟，相乡弃沙[13]。惟帝俊下友。帝下两坛，采鸟是司。

大荒之中，有山名曰猗天苏门，日月所生。

有壎[14]民之国。有綦[15]山。又有摇山。有䰝[16]山，又有门户山，又有盛山。又有待山。有五采之鸟。

东荒之中，有山名曰壑明俊疾，日月所出。有中容之国。

东北海外，又有三青马、三骓[17]、甘华。爰有遗玉、三青鸟、三骓、视肉、甘华、甘柤。百谷所在。

有女和月母之国。有人名曰鵷[18]——北方曰鵷，来之风曰狻[19]——是处东极隅以止日月，使无相间出[20]，司其短长。

大荒东北隅中，有山名曰凶犁土丘。应龙处南极，杀蚩尤与夸父，不得复上，故下数[21]旱。旱而为应龙之状，乃得大雨。

〔8〕瞀：音冒。
〔9〕禺虢：或为禺号。虢或作號。
〔10〕颓羝：音君底。
〔11〕柱：柱子般直立。
〔12〕芥：芥菜。
〔13〕弃沙：字义不详，或是婆娑（媻娑）之讹误，盘旋而舞之貌。
〔14〕壎：音熏。
〔15〕綦：音计。
〔16〕䰝：音赠。
〔17〕三骓：三骓马。
〔18〕鵷：音婉。
〔19〕狻：音演。
〔20〕无相间出：无交相错乱地进出。
〔21〕数：屡次。

东海中有流波山，入海七千里。其上有兽，状如牛，苍身而无角，一足，出入水则必风雨，其光如日月，其声如雷，名曰夔。黄帝得之，以其皮为鼓，橛[22]以雷兽之骨，声闻五百里，以威天下。

〔22〕橛：敲打。

# 卷十五

# 大荒南经

有荣山，荣水出焉。黑水之南，有玄蛇食麈。

有巫山者，西有黄鸟。帝药，八斋。黄鸟于巫山，司此玄蛇。

南海之外，赤水之西，流沙之东，有兽，左右有首，名曰跊踢。有三青兽相并，名曰双双。

跊：音触。

双双

卵民国人

有卵民之国，其民皆生卵。

有盈民之国，於姓，黍食。又有人方食木叶。

盈民国人

南海渚中，有神，人面，珥两青蛇，践两赤蛇，曰不廷胡余。

有神名曰因因乎，南方曰因乎，来风曰乎民，处南极以出入风。

因因乎

季厘

有人食兽，曰季厘。帝俊生季厘，故曰季厘之国。

有缗渊。少昊生倍伐降处缗渊。有水四方，名曰俊坛。

缗：音民。

倍伐

# 蜮民国人

有蜮山者，有蜮民之国，桑姓，食黍，射蜮是食。有人方扜弓射黄蛇，名曰蜮人。

蜮：音玉；又称短狐，似鳖，含沙射人，被射中则病死。

扜：音淤；挽，张。

## 祖状之尸

有人方齿虎尾，名曰祖状之尸。

颛顼

有国曰伯服。颛顼生伯服，食黍。

颛顼：音专虚。

有人名曰张弘，在海上捕鱼。海中有张弘之国，食鱼，使四鸟。

有小人，名曰菌人。

# 大荒南经

## 原文

南海之外，赤水之西，流沙之东，有兽，左右有首，名曰跊[1]踢。有三青兽相并，名曰双双。

有阿山者。南海之中，有汜天之山，赤水穷焉。赤水之东，有苍梧之野，舜与叔均所葬也。爰有文贝、离俞[2]、鸱久、鹰、贾[3]、委维[4]、熊、罴、象、豹、狼、视肉。

有荣山，荣水出焉。黑水之南，有玄蛇食麈。

有巫山者，西有黄鸟。帝药，八斋[5]。黄鸟于巫山，司此玄蛇。

大荒之中，有不庭之山，荣水穷焉。有人三身，帝俊妻娥皇，生此三身之国，姚姓，黍食，使四鸟。有渊四方，四隅皆达，北属[6]黑水，南属大荒。北旁名曰少和之渊，南旁名曰从渊，舜之所浴也。

又有成山，甘水穷焉。有季禺之国，颛顼之子，食黍。有羽民之国，其民皆生毛羽。有卵民之国，其民皆生卵。

大荒之中，有不姜之山，黑水穷焉。又有贾山，汔[7]水出焉。又有言山。又有登备之山。有恝恝[8]之山。又有蒲山，澧水出焉。又有隗[9]山，其西有丹，其东有玉。又南有山，漂水出焉。有尾山。有翠山。

有盈民之国，於姓，黍食。又有人方食木叶。

有不死之国，阿姓，甘木是食。

大荒之中，有山名曰去痓[10]。南极果，北不成，去痓果[11]。

南海渚中，有神，人面，珥两青蛇，践两赤蛇，曰不廷胡余。

〔1〕跊：音触。
〔2〕离俞：即离朱，见于《海外南经》，或为三足乌。
〔3〕贾：鹰类动物。
〔4〕委维：或为神延维，见于《海内经》。
〔5〕帝药，八斋：天帝的仙药有八个屋子那么多。
〔6〕属：连接。
〔7〕汔：音气。
〔8〕恝：音气。
〔9〕隗：音伟。
〔10〕痓：音至。
〔11〕南极果，北不成，去痓果：语义不详，疑为巫师咒语。

有神名曰因因乎，南方曰因乎，来风曰乎民，处南极以出入风。

有襄山。又有重阴之山。有人食兽，曰季厘。帝俊生季厘，故曰季厘之国。有缗[12]渊。少昊生倍伐降处缗渊。有水四方，名曰俊坛。

有载民之国。帝舜生无淫，降载处，是谓巫载民。巫载民朌[13]姓，食谷，不绩不经[14]，服也；不稼不穑[15]，食也。爰有歌舞之鸟，鸾鸟自歌，凤鸟自舞。爰有百兽，相群爰处。百谷所聚。

大荒之中，有山名曰融天，海水南入焉。

有人曰凿齿，羿杀之。

有蜮[16]山者，有蜮民之国，桑姓，食黍，射蜮是食。有人方扜[17]弓射黄蛇，名曰蜮人。

有宋山者，有赤蛇，名曰育蛇。有木生山上，名曰枫木。枫木，蚩尤所弃其桎梏，是为枫木。

有人方齿虎尾，名曰祖状之尸。

有小人，名曰焦侥之国，几姓，嘉谷是食。

大荒之中，有山名死[18]涂之山，青水穷焉。有云雨之山，有木名曰栾。禹攻云雨。有赤石焉生栾，黄本，赤枝，青叶，群帝焉取药。

有国曰伯服。颛顼生伯服，食黍。有鼬姓之国。有苕山。又有宗山。又有姓山。又有壑山。又有陈州山。又有东州山。又有白水山，白水出焉，而生白渊，昆吾之师所浴也。

有人名曰张弘，在海上捕鱼。海中有张弘之国，食鱼，使四鸟。

有人焉，鸟喙，有翼，方捕鱼于海。大荒之中，有人名曰驩[19]头。鲧[20]妻士敬，士敬子曰炎融，生驩头。驩头人面鸟喙，有翼，

〔12〕缗：音民。
〔13〕朌：音焚。
〔14〕不绩不经：绩、经均指纺织、织布一类的行为。
〔15〕不稼不穑：稼、穑均指农业劳作、耕种一类的行为。
〔16〕蜮：音玉；又称短狐，似鳖，含沙射人，被射中则病死。
〔17〕扜：音淤；挽，张。
〔18〕死：音朽。
〔19〕驩：音欢。
〔20〕鲧：音滚。

食海中鱼，杖翼而行。维宜芑苣[21]，穋[22]杨是食。有驩头之国。

帝尧、帝喾、帝舜葬于岳山。爰有文贝、离俞、鸱久、鹰、延维、视肉、熊、罴、虎、豹；朱木，赤枝、青华，玄实。有申山者。

大荒之中，有山名曰天台高山，海水南入焉。

有盖犹之山者，其上有甘柤，枝干皆赤，黄叶，白华，黑实。东又有甘华，枝干皆赤，黄叶。有青马，有赤马，名曰三骓。有视肉。

有小人，名曰菌人。

有南类之山。爰有遗玉、青马、三骓、视肉、甘华。百谷所在。

〔21〕芑苣：音起巨；黑色谷物。
〔22〕穋：音求；黑色谷物。

# 卷十六

# 大荒西经

伏羲是上古传说中的始祖神，人首蛇身，发明创造了八卦、文字和琴瑟等。《山海经》中并未提及伏羲。

女娲是上古传说中的创世神，人首蛇身，以黄泥造人，创造人类社会并建立婚姻制度。《山海经》中并未提及女娲。

# 女娲之肠

有神十人，名曰女娲之肠，化为神，处栗广之野，横道而处。

# 石夷

有人名曰石夷，来风曰韦，处西北隅以司日月之长短。

有五采之鸟，有冠，名曰狂鸟。

# 后稷

有西周之国，姬姓，食谷。有人方耕，名曰叔均。帝俊生后稷，稷降以百谷。稷之弟曰台玺，生叔均。叔均是代其父及稷播百谷，始作耕。

《大荒西经》：有人方耕，名曰叔均。

《大荒北经》：叔均言之帝，后置之赤水之北。叔均乃为田祖。

《海内经》：后稷是播百谷。稷之孙曰叔均，是始作牛耕。

叔均

有北狄之国。黄帝之孙曰始均，始均生北狄。

北狄国人

有榣山，其上有人，号曰太子长琴。颛顼生老童，老童生祝融，祝融生太子长琴，是处榣山，始作乐风。

# 青蒐

有虫状如菟，胸以后者裸不见，青如猨状。

有灵山，巫咸、巫即、巫朌、巫彭、巫姑、巫真、巫礼、巫抵、巫谢、巫罗十巫，从此升降，百药爰在。

《海外西经》：巫咸国在女丑北，右手操青蛇，左手操赤蛇。在登葆山，群巫所从上下也。

《海内西经》：开明东有巫彭、巫抵、巫阳、巫履、巫凡、巫相，夹窫窳之尸，皆操不死之药以距之。

巫即

巫朌

巫彭

巫姑

巫真

巫礼

巫抵

巫谢

巫罗

鸣鸟

有弇州之国，五采之鸟仰天，名曰鸣鸟。爰有百乐歌儛之风。

弇：音眼。

西海陼中，有神，人面鸟身，珥两青蛇，践两赤蛇，名曰弇兹。

弇兹

嘘

大荒之中，有山名曰日月山，天枢也。吴姖天门，日月所入。有神，人面无臂，两足反属于头上，名曰嘘。

颛顼生老童，老童生重及黎，帝令重献上天，令黎邛下地。

重黎

下地是生噎，处于西极，以行日月星辰之行次。

有人反臂，名曰天虞。

有女子方浴月。帝俊妻常羲，生月十有二，此始浴之。

# 五色鸟

有玄丹之山。有五色之鸟，人面有发。爰有青鸾、黄鷔、青鸟、黄鸟，其所集者其国亡。

鸾：音文。
鷔：音敖。

有兽，左右有首，名曰屏蓬。

# 白鸟

有白鸟，青翼，黄尾，玄喙。

有赤犬，名曰天犬，其所下者有兵。

西海之南，流沙之滨，赤水之后，黑水之前，有大山，名曰昆仑之丘。有神，人面虎身，有文有尾，皆白，处之。

寿麻

有寿麻之国。南岳娶州山女，名曰女虔。女虔生季格，季格生寿麻。寿麻正立无景，疾呼无响。爰有大暑，不可以往。

景：通影；影子。

## 夏耕之尸

有人无首，操戈盾立，名曰夏耕之尸。故成汤伐夏桀于章山，克之，斩耕厥前。耕既立，无首，走厥咎，乃降于巫山。

厥：其，此处代指夏桀。
走：逃避。
咎：罪责。

有人名曰吴回，奇左，是无右臂。

大荒之中，有山，名曰大荒之山，日月所入。有人焉三面，是颛顼之子，三面一臂，三面之人不死。是谓大荒之野。

三面人

# 氐人国人

有氐人之国。炎帝之孙名曰灵恝生氐人，是能上下于天。

恝：音契。

有鱼偏枯，名曰鱼妇。颛顼死即复苏。风道北来，天及大水泉，蛇乃化为鱼，是为鱼妇。颛顼死即复苏。

# 鸀鸟

有青鸟，身黄，赤足，六首，名曰鸀鸟。

鸀：音触。

# 大荒西经

原文

西北海之外，大荒之隅，有山而不合，名曰不周，有两黄兽守之。有水曰寒暑之水。水西有湿山，水东有幕山。有禹攻共工国山。

有国名曰淑士，颛顼之子。

有神十人，名曰女娲之肠，化为神，处栗广之野，横道而处。

有人名曰石夷，来风曰韦，处西北隅以司日月之长短。

有五采之鸟，有冠，名曰狂鸟。

有大泽之长山。有白氏之国。

西北海之外，赤水之东，有长胫之国。

有西周之国，姬姓，食谷。有人方耕，名曰叔均。帝俊生后稷，稷降以百谷[1]。稷之弟曰台玺，生叔均。叔均是代其父及稷播百谷，始作耕。有赤国妻氏。有双山。

西海之外，大荒之中，有方山者，上有青树，名曰柜[2]格之松，日月所出入也。

西北海之外，赤水之西，有先民之国，食谷，使四鸟。

有北狄之国。黄帝之孙曰始均，始均生北狄。

有芒山。有桂山。有榣山，其上有人，号曰太子长琴。颛顼生老童，老童生祝融，祝融生太子长琴，是处榣山，始作乐风。

有五采鸟三名：一曰皇鸟，一曰鸾鸟，一曰凤鸟。

有虫状如菟，胸以后者裸不见，青如猨状。

大荒之中，有山名曰丰沮玉门，日月所入。

有灵山，巫咸、巫即、巫朌、巫彭、巫姑、巫真、

〔1〕降以百谷：把各种谷物从天界带到人间。
〔2〕柜：音举。

巫礼、巫抵、巫谢、巫罗十巫，从此升降，百药爰在。

西有王母之山、壑山、海山。有沃民之国，沃民是处。沃之野，凤鸟之卵是食，甘露是饮。凡其所欲，其味尽存[3]。爰有甘华、甘柤、白柳、视肉、三骓、璇瑰[4]、瑶碧、白木、琅玕、白丹、青丹，多银、铁。鸾凤自歌，凤鸟自舞，爰有百兽，相群是处，是谓沃之野。

有三青鸟，赤首黑目，一名曰大鵹，一曰少鵹，一名曰青鸟。

有轩辕之台，射者不敢西向射，畏轩辕之台。

大荒之中，有龙山，日月所入。有三泽水，名曰三淖[5]，昆吾[6]之所食也。

有人衣青，以袂[7]蔽面，名曰女丑之尸。

有女子之国。

有桃山。有虻[8]山。有桂山。有于土山。

有丈夫之国。

有弇[9]州之国，五采之鸟仰天，名曰鸣鸟。爰有百乐歌儛之风。

有轩辕之国。江山之南栖为吉。不寿者乃八百岁。

西海陼中，有神，人面鸟身，珥两青蛇，践两赤蛇，名曰弇兹。

大荒之中，有山名曰日月山，天枢也。吴姖天门，日月所入。有神，人面无臂，两足反属于头上，名曰嘘。颛顼生老童，老童生重及黎，帝令重献[10]上天，令黎印[11]下地。下地是生噎，处于西极，以行[12]日月星辰之行次[13]。

有人反臂，名曰天虞。

有女子方浴月。帝俊妻常羲，生月十有二，此始浴之。

有玄丹之山。有五色之鸟，人面有发。爰有青鴍[14]、黄鷔[15]、青鸟、黄鸟，其所集者其国亡。

〔3〕凡其所欲，其味尽存：凡是想尝到的滋味，此处皆有。
〔4〕璇瑰：玉名。
〔5〕淖：音闹。
〔6〕昆吾：上古时的部落。
〔7〕袂：衣服袖子。
〔8〕虻：音萌。
〔9〕弇：音眼。
〔10〕献：托举。
〔11〕印：通抑，向下按。
〔12〕行：掌管。
〔13〕行次：运行次序。
〔14〕鴍：音文。
〔15〕鷔：音敖。

有池，名孟翼之攻颛顼之池。

大荒之中，有山名曰鏖鏊钜[16]，日月所入者。

有兽，左右有首，名曰屏蓬。

有巫山者。有壑山者。有金门之山，有人名曰黄姖之尸。有比翼之鸟。有白鸟，青翼，黄尾，玄喙。有赤犬，名曰天犬，其所下者有兵。

西海之南，流沙之滨，赤水之后，黑水之前，有大山，名曰昆仑之丘。有神，人面虎身，有文有尾，皆白，处之。其下有弱水之渊环之，其外有炎火之山，投物辄然[17]。有人戴胜，虎齿，有豹尾，穴处，名曰西王母。此山万物尽有。

大荒之中，有山名曰常阳之山，日月所入。

有寒荒之国。有二人女祭、女薎。

有寿麻之国。南岳娶州山女，名曰女虔。女虔生季格，季格生寿麻。寿麻正立无景[18]，疾呼无响。爰有大暑，不可以往。

有人无首，操戈盾立，名曰夏耕之尸。故成汤伐夏桀于章山，克之，斩耕厥[19]前。耕既立，无首，走厥咎[20]，乃降于巫山。

有人名曰吴回，奇左，是无右臂。

有盖山之国。有树，赤皮枝干，青叶，名曰朱木。

有一臂民。

大荒之中，有山，名曰大荒之山，日月所入。有人焉三面，是颛顼之子，三面一臂，三面之人不死。是谓大荒之野。

西南海之外，赤水之南，流沙之西，有人珥两青蛇，乘两龙，名曰夏后开[21]。开上三嫔[22]于天，得《九辩》与《九歌》以下。此天穆之野，高二千仞，开焉得始歌《九招》。

有氐人之国。炎帝之孙名曰灵恝，灵恝生氐人，是能上下于天。

有鱼偏枯，名曰鱼妇。颛顼死即复苏。风道北来，天及大水泉，蛇乃化为鱼，是为鱼妇。颛顼死即复苏[23]。

有青鸟，身黄，赤足，六首，名曰𪄀[24]鸟。

有大巫山。有金之山。西南，大荒之中隅，有偏句、常羊之山。

〔16〕鏖鏊钜：音敖奥巨。
〔17〕然：通燃；燃烧。
〔18〕景：通影；影子。
〔19〕厥：其，此处代指夏桀。
〔20〕走厥咎：走，逃避；咎，罪责。
〔21〕夏后开：夏启，为避汉景帝刘启的名讳，改“启”为“开”。
〔22〕嫔：通宾；做客。
〔23〕颛顼死即复苏：颛顼趁蛇鱼变化未定之机，进入鱼的身体死而复生。
〔24〕𪄀：音触。

卷十七

# 大荒北经

胡不与国人

有胡不与之国，烈姓，黍食。

大荒之中，有山名曰不咸，有肃慎氏之国。蜚蛭，四翼。

蜚蛭：翡至。

蜚蛭

琴虫

有虫，兽身蛇身，名曰琴虫。

有大青蛇，黄头，食麈。

麈：音主；鹿。

大青蛇

有叔歜国，颛顼之子，黍食，使四鸟：虎、豹、熊、罴。

歜：音触。

有黑虫如熊状，名曰猎猎。

猎猎

# 儋耳国人

有儋耳之国，任姓，禺号子，食谷。

儋：音丹。

大荒之中，有山名曰北极天柜，海水北注焉。有神，九首人面鸟身，名曰九凤。

九凤

又有神衔蛇操蛇，其状虎首人身，四蹄长肘，名曰强良。

强良

## 女魃

有系昆之山者，有共工之台，射者不敢北乡。有人衣青衣，名曰黄帝女魃。蚩尤作兵伐黄帝，黄帝乃令应龙攻之冀州之野。应龙畜水。蚩尤请风伯雨师，纵大风雨。黄帝乃下天女曰魃，雨止，遂杀蚩尤。魃不得复上，所居不雨。叔均言之帝，后置之赤水之北。叔均乃为田祖。魃时亡之，所欲逐之者，令曰：『神北行！』先除水道，决通沟渎。

魃：音拔。

风伯

雨师

# 赤水女子魃

有钟山者。有女子衣青衣，名曰赤水女子魃。

有赤兽，马状无首，名曰戎宣王尸。

戎宣王尸

有人一目，当面中生。一曰是威姓，少昊之子，食黍。

《海外北经》：一目国在其东，一目中其面而居。一曰有手足。

少昊之子

# 无继民

有无继民，无继民任姓，无骨子，食气、鱼。

有神，人面兽身，名曰犬戎。

西北海外，黑水之北，有人有翼，名曰苗民。颛顼生驩头，驩头生苗民，苗民厘姓，食肉。

牛黎国人

有牛黎之国。有人无骨，儋耳之子。

# 大荒北经

## 原文

东北海之外，大荒之中，河水之间，附禺之山，帝颛顼与九嫔葬焉。爰有鸱久、文贝、离俞、鸾鸟、凤鸟、大物、小物[1]。有青鸟、琅鸟、玄鸟、黄鸟、虎、豹、熊、罴、黄蛇、视肉、璿瑰、瑶碧，皆出于山。卫丘方员三百里，丘南帝俊竹林在焉，大可为舟。竹南有赤泽水，名曰封渊。有三桑无枝。丘西有沈渊，颛顼所浴。

有胡不与之国，烈姓，黍食。

大荒之中，有山名曰不咸，有肃慎氏之国。蜚蛭[2]，四翼。有虫，兽身蛇身，名曰琴虫。

有人名曰大人。有大人之国，厘[3]姓，黍食。有大青蛇，黄头，食麈。

有榆山。有鲧攻程州之山。

大荒之中，有山名曰衡天。有先民之山。有槃[4]木千里。

有叔歜[5]国，颛顼之子，黍食，使四鸟：虎、豹、熊、罴。有黑虫如熊状，名曰猎猎。

有北齐之国，姜姓，使虎、豹、熊、罴。

大荒之中，有山名曰先槛大逢之山，河济所入，海北注焉。其西有山，名曰禹所积石。

有阳山者。有顺山者，顺水出焉。有始州之国，有丹山。

有大泽方千里，群鸟所解[6]。

有毛民之国，依姓，食黍，使四鸟。禹生均国，均国生役采，役采生修鞈[7]，修鞈杀绰人。帝念之，潜为之国，是此毛民。

有儋[8]耳之国，任姓，禺号子，食谷。北海之渚

〔1〕大物、小物：皆指陪葬之物。
〔2〕蜚蛭：音翡至。
〔3〕厘：音西；通僖。
〔4〕槃：音盘。
〔5〕歜：音触。
〔6〕群鸟所解：各种鸟类在此更换羽毛。
〔7〕鞈：音革。
〔8〕儋：音丹。

中，有神，人面鸟身，珥两青蛇，践两赤蛇，名曰禺强。

大荒之中，有山名曰北极天柜，海水北注焉。有神，九首人面鸟身，名曰九凤。又有神衔蛇操蛇，其状虎首人身，四蹄长肘，名曰强良。

大荒之中，有山名曰成都载天。有人珥两黄蛇，把两黄蛇，名曰夸父。后土生信，信生夸父。夸父不量力，欲追日景[9]，逮之于禺谷。将饮河而不足也，将走大泽，未至，死于此。应龙已杀蚩尤，又杀夸父，乃去南方处之，故南方多雨。

又有无肠之国，是任姓。无继子，食鱼。

共工之臣名曰相繇，九首蛇身，自环，食于九土；其所歍[10]所尼[11]，即为源泽，不辛乃苦[12]，百兽莫能处。禹湮[13]洪水，杀相繇，其血腥臭，不可生谷，其地多水，不可居也。禹湮之，三仞[14]三沮[15]，乃以为池，群帝因是以为台。在昆仑之北。

有岳之山。寻竹生焉。

大荒之中，有名山曰不句，海水北入焉。

有系昆之山者，有共工之台，射者不敢北乡。有人衣青衣，名曰黄帝女魃[16]。蚩尤作兵伐黄帝，黄帝乃令应龙攻之冀州之野。应龙畜水。蚩尤请风伯雨师，纵大风雨。黄帝乃下天女曰魃，雨止，遂杀蚩尤。魃不得复上，所居不雨。叔均言之帝，后置之赤水之北。叔均乃为田祖。魃时亡[17]之，所欲逐之者，令曰："神北行！"先除水道，决通沟渎[18]。

有人方食鱼，名曰深目民之国，盼姓，食鱼。

有钟山者。有女子衣青衣，名曰赤水女子魃。

大荒之中，有山名曰融父山，顺水入焉。有人名曰犬戎。黄帝生苗龙，苗龙生融吾，融吾生弄明，弄明生白犬，白犬有牝牡，是为犬戎，肉食。有赤兽，马状无首，名曰戎宣王尸。

有山名曰齐州之山、君山、鬵[19]山、鲜野山、鱼山。

〔9〕景：通影。
〔10〕歍：音巫；呕吐。
〔11〕尼：停留，止息。
〔12〕不辛乃苦：不是辛辣就是苦，气味强烈。
〔13〕湮：堵塞。
〔14〕仞：通牣；填充。
〔15〕沮：塌陷。
〔16〕魃：音拔。
〔17〕亡：逃亡。
〔18〕渎：沟渠。
〔19〕鬵：音前。

有人一目，当面中生。一曰是威姓，少昊之子，食黍。

有继无民，继无民任姓，无骨[20]子，食气、鱼。

西北海外，流沙之东，有国曰中辐[21]，颛顼之子，食黍。

有国名曰赖丘。有犬戎国。有神，人面兽身，名曰犬戎。

西北海外，黑水之北，有人有翼，名曰苗民。颛顼生驩头，驩头生苗民，苗民厘姓，食肉。有山名曰章山。

大荒之中，有衡石山、九阴山、灰野之山，上有赤树，青叶赤华，名曰若木。

有牛黎之国。有人无骨，儋耳之子。

西北海之外，赤水之北，有章尾山。有神，人面蛇身而赤，身长千里，直目正乘[22]，其瞑乃晦[23]，其视乃明，不食不寝不息，风雨是谒[24]。是烛九阴，是谓烛龙。

〔20〕无骨：即下文的牛黎之国。

〔21〕辐：音扁。

〔22〕直目正乘：眼睛竖生，眼皮是两条直缝。

〔23〕其瞑乃晦：闭眼即是黑夜。

〔24〕谒：通噎；吞食。

# 卷十八

# 海内经

# 朝鲜国人

东海之内，北海之隅，有国名曰朝鲜。

雷祖

黄帝妻雷祖，生昌意。昌意降处若水，生韩流。韩流擢首、谨耳、人面、豕喙、麟身、渠股、豚止，取淖子曰阿女，生帝颛顼。

擢：长。
渠股：两腿长在一起。
豚止：猪蹄。

韩流

## 柏高

华山青水之东，有山名曰肇山。有人名曰柏高，柏高上下于此，至于天。

灵山，有赤蛇在木上，名曰蝡蛇，木食。

蝡：音如。

鸟氏

有盐长之国。有人焉鸟首，名曰鸟氏。

南方有赣巨人，人面长臂，黑身有毛，反踵，见人则笑，唇蔽其面，因可逃也。

赣巨人

# 黑人

又有黑人，虎首鸟足，两手持蛇，方啖之。

啖：音旦；吃，咀嚼。

有嬴民，鸟足。

《大荒东经》：有因民国，勾姓，黍食。

# 延维

有神焉，人首蛇身，长如辕，左右有首，衣紫衣，冠旃冠，名曰延维，人主得而飨食之，伯天下。

旃：音沾，红色。
伯：通霸。

又有青兽如菟，名曰菌狗。

菌狗

# 翳鸟

有五采之鸟，飞蔽一乡，名曰翳鸟。

北海之内，有反缚盗械、带戈常倍之佐，名曰相顾之尸。

伯夷父生西岳，西岳生先龙，先龙是始生氐羌，氐羌乞姓。

氐羌

# 赤胫民

有大玄之山。有玄丘之民。有大幽之国。有赤胫之民。

有钉灵之国，其民从膝以下有毛，马蹄善走。

钉灵国人

炎帝之孙伯陵，伯陵同吴权之妻阿女缘妇，缘妇孕三年，是生鼓、延、殳。殳始为侯，鼓、延是始为钟，为乐风。

殳：音书。

殳

黄帝生骆明，骆明生白马，白马是为鲧。

少皞生般，般是始为弓矢。

帝俊生禺号，禺号生淫梁，淫梁生番禺，是始为舟。番禺生奚仲，奚仲生吉光，吉光是始以木为车。

吉光

晏龙

帝俊生晏龙，晏龙是为琴瑟。
《大荒东经》：帝俊生晏龙，晏龙生司幽。

## 义均

帝俊生三身，三身生义均，义均是始为巧倕，是始作下民百巧。

巧倕：尧时巧匠。倕，音垂。

大比赤阴，
是始为国。

共工

# 术器

炎帝之妻，赤水之子听𫍲生炎居，炎居生节并，节并生戏器，戏器生祝融。祝融降处于江水，生共工。共工生术器，术器首方颠，是复土壤，以处江水。共工生后土，后土生噎鸣，噎鸣生岁十有二。

𫍲：音妖。

噎鸣

# 海内经

## 原文

东海之内，北海之隅，有国名曰朝鲜；天毒[1]，其人水居[2]，偎人爱人[3]。

西海之内，流沙之中，有国名曰壑市。

西海之内，流沙之西，有国名曰氾叶。

流沙之西，有鸟山者，三水出焉。爰有黄金、璿瑰、丹货、银铁，皆流于此中。又有淮山，好水出焉。

流沙之东，黑水之西，有朝云之国、司彘之国。黄帝妻雷祖，生昌意。昌意降处若水，生韩流。韩流擢[4]首、谨耳、人面、豕喙、麟身、渠股[5]、豚止[6]，取淖子曰阿女，生帝颛顼。

流沙之东，黑水之间，有山名不死之山。

华山青水之东，有山名曰肇山。有人名曰柏高，柏高上下于此，至于天。

西南黑水之间，有都广之野，后稷葬焉。其城方三百里，盖天地之中，素女所出也。爰有膏菽、膏稻、膏黍、膏稷，百谷自生，冬夏播琴[7]。鸾鸟自歌，凤鸟自儛，灵寿实华[8]，草木所聚。爰有百兽，相群爰处。此草也，冬夏不死。

南海之外，黑水青水之间，有木名曰若木，若水出焉。

有禺中之国。有列襄之国。有灵山，有赤蛇在木上，名曰蝡[9]蛇，木食。

有盐长之国。有人焉鸟首，名曰鸟氏。

有九丘，以水络之：名曰陶唐之丘、叔得之丘、孟盈之丘、昆吾之丘、黑白之丘、赤望之丘、参卫之丘、武夫之丘、神民之丘。有木，青叶紫茎，玄华黄实，百仞无枝，上有九欘[10]，下有九枸[11]，其实如

〔1〕天毒：即天竺，今印度。
〔2〕水居：水边居住；印度南临印度洋。
〔3〕偎人爱人：对人怜悯慈爱。
〔4〕擢：长。
〔5〕渠股：两腿长在一起。
〔6〕豚止：猪蹄。
〔7〕播琴：播种。
〔8〕灵寿实华：灵寿，即椐树；实，即果实；华，即开花。
〔9〕蝡：音如。
〔10〕欘：音竹；弯曲的树枝。
〔11〕枸：音渠；盘错的树根。

麻，其叶如芒。大皞[12]爰过，黄帝所为。

有窫窳，龙首，是食人。有青兽，人面，名曰猩猩。

西南有巴国。大皞生咸鸟，咸鸟生乘厘，乘厘生后照，后照是始为巴人。

有国名曰流黄辛氏，其域中方三百里，其出是尘土。有巴遂山，渑水出焉。

又有朱卷之国。有黑蛇，青首，食象。

南方有赣巨人，人面长臂，黑身有毛，反踵，见人则笑，唇蔽其面，因可逃也。

又有黑人，虎首鸟足，两手持蛇，方啖[13]之。

有嬴[14]民，鸟足。有封豕[15]。

有人曰苗民。有神焉，人首蛇身，长如辕，左右有首，衣紫衣，冠旃[16]冠，名曰延维，人主得而飨食之，伯[17]天下。

有鸾鸟自歌，凤鸟自舞。凤鸟首文曰德，翼文曰顺，膺文曰仁，背文曰义，见则天下和。

又有青兽如菟，名曰𦵯[18]狗。有翠鸟。有孔鸟。

南海之内，有衡山，有菌山，有桂山。有山名三天子之都。

南方苍梧之丘，苍梧之渊，其中有九嶷[19]山，舜之所葬，在长沙零陵界中。

北海之内，有蛇山者，蛇水出焉，东入于海。有五采之鸟，飞蔽一乡，名曰翳鸟[20]。又有不距之山，巧倕[21]葬其西。

北海之内，有反缚盗械、带戈常倍之佐[22]，名曰相顾之尸。

伯夷父生西岳，西岳生先龙，先龙是始生氐羌，氐羌乞姓。

北海之内，有山，名曰幽都之山，黑水出焉。其上有玄鸟、玄蛇、玄虎、玄狐蓬尾。有大玄之山。有玄丘之民。有大幽之国。有赤胫[23]之民。

有钉灵之国，其民从膝以下有毛，马蹄善走。

〔12〕大皞：即太昊。
〔13〕啖：音旦；吃，咀嚼。
〔14〕嬴：音迎。
〔15〕封豕：大野猪。
〔16〕旃：音沾；红色。
〔17〕伯：通霸；主宰。
〔18〕𦵯：通菌。
〔19〕嶷：音疑。
〔20〕翳鸟：凤凰。
〔21〕巧倕：尧时巧匠；倕，音垂。
〔22〕常倍之佐：图谋叛乱之徒；倍，通背，背叛。
〔23〕赤胫：小腿为红色。

炎帝之孙伯陵，伯陵同[24]吴权之妻阿女缘妇，缘妇孕三年，是生鼓、延、殳[25]。始为侯，鼓、延是始为钟，为乐风。

黄帝生骆明，骆明生白马，白马是为鲧。

帝俊生禺号，禺号生淫梁，淫梁生番禺，是始为舟。番禺生奚仲，奚仲生吉光，吉光是始以木为车。

少皞生般，般是始为弓矢。

帝俊赐羿彤弓素矰[26]，以扶下国，羿是始去恤下地之百艰[27]。

帝俊生晏龙，晏龙是为琴瑟。

帝俊有子八人，是始为歌舞。

帝俊生三身，三身生义均，义均是始为巧倕，是始作下民百巧。后稷是播百谷。稷之孙曰叔均，是始作牛耕。大比赤阴，是始为国。禹、鲧是始布土，均定九州。

炎帝之妻，赤水之子听訞[28]生炎居，炎居生节并，节并生戏器，戏器生祝融。祝融降处于江水，生共工。共工生术器，术器首方颠[29]，是复土壤[30]，以处江水。共工生后土，后土生噎鸣，噎鸣生岁十有二。

洪水滔天。鲧窃帝之息壤[31]以堙洪水，不待帝命。帝命祝融杀鲧于羽郊。鲧复生禹。帝乃命禹卒布土以定九州。

〔24〕同：私通。

〔25〕殳：音书。

〔26〕彤弓素矰：红色的弓和带有白色羽毛的箭；矰，音增。

〔27〕恤下地之百艰：救济人世间的各种困苦。

〔28〕訞：音妖。

〔29〕首方颠：头顶又方又平。

〔30〕是复土壤：恢复了祝融的所有土地。

〔31〕息壤：一种可以自我生长的土壤。

# 索引

# A



# B



# C



# D



# E



# F

# Q



# R



# S



# T

# W



# X



# Y

# Z